Die Schweiz begrüßt Vietnam

Walter Schenker

Die Schweiz begrüßt Vietnam

Ein Lehrstück in vier Akten

Walter Schenker, geboren 1943 in Solothurn, durchlief dort die Schulen und schloss sein Studium in Zürich mit der Dissertation über die Sprache Max Frischs ab, die in der Zusammenarbeit mit ihm entstanden war. Nach Assistentenjahren in Freiburg i. Br. und Zürich habilitierte er sich 1975 an der Uni Trier, wo er bis 1984 als Professor für Germanistische Linguistik arbeitete.

Er verlegte bei Rowohlt und Ammann und erhielt neben verschiedenen Werkbeiträgen den Preis der Schweizerischen Schillerstiftung, den Literaturpreis des Kantons Solothurn, ein Förderstipendium des Landes Rheinland-Pfalz, eine Ehrengabe des Kantons Zürich sowie die Auszeichnung »Buch des Jahres« durch die Schweizerische Schillerstiftung.

Von 1981 bis 1988 war er regelmäßig als freier Mitarbeiter für Literaturkritik bei der NZZ tätig.

Von 1991 bis 1995 ließ er sich zum Diakon ausbilden und arbeitete bis 2011 als solcher. Seit 1974 lebt er, verheiratet mit Brigitte Hamaekers, in Trier.

Vgl. auch Kritisches Lexikon zur deutschsprachigen Gegenwartsliteratur.

(Josef Zierden)

Weitere Informationen sowie Leseproben unter
www.walterschenker.com

Bibliografische Information der Deutschen Nationalbibliothek
Die Deutsche Nationalbibliothek verzeichnet diese Publikation in der Deutschen Nationalbibliografie; detaillierte bibliografische Daten sind im Internet über http://dnb.d-nb.de abrufbar.

© 2015 Walter Schenker
Umschlagdesign, Satz, Herstellung und Verlag:
BoD – Books on Demand, Norderstedt
ISBN 978-3-7392-7168-2

Ein Stück über die Flüchtlinge (*boat people*) aus Vietnam – vor über 30 Jahren gut genug für einen Theaterskandal, heute brandaktuell beziehbar auf die Flüchtlingskrise im Mittelmeer und sonst.
Hier das Bühnenskript mit einem dokumentarischen Anhang über den Berner Theaterskandal von 1981.

Ort

Die Wirtschaft zum Kreuz. Sie befindet sich in der Neubausiedlung einer mittelgroßen Schweizer Stadt. Am Anfang wirkt dieser Schauplatz idyllisch-harmonisch, gegen das Ende hin immer mehr gespenstisch. Die Szenerie soll dem Publikum den Eindruck geben, als sei es selbst ständig ins Geschehen einbezogen.

Zeit

Gegenwart 1980 und eine unmittelbare Zukunft.

Personen

Der **Stadtammann,** 60, Politiker von altem Schrot und Korn

Der **Manager** für Public Relations von der Firma Interswiss, 30, sicher, gewandt, nicht ohne ein lässiges Understatement

Der **Geschichtslehrer,** Professor am städtischen Gymnasium, 35, sieht mit seinen langen Haaren und den Jeans noch aus wie ein studentischer Rebell von Anfang der 70er Jahre

Die **Dame vom Roten Kreuz,** 55, scheinbar hilflos, kann aber auch sehr resolut auftreten, ohne dabei ihren Charme zu verlieren

Erster Vietnamese
Zweiter Vietnamese
Dritter Vietnamese

Karl, 19
Susi, 17
Fritz, 21

Serviertochter, 40

Kleines Mädchen, 10

Erster Polizist
Zweiter Polizist

Statisten

Festgemeinde (1. Akt)
Kapelle »Edelweiss« (1. Akt)
Demonstranten (3. Akt)
Reporter (3. Akt)
Vietnamesen (4. Akt)

Bemerkungen

Die Vietnamesen können eine einheitliche helle Kleidung tragen, in der Art des früheren Mao-Looks. Es empfiehlt sich vielleicht, dass sie von Frauen gespielt werden.

*

In der Sprache setzen sich die Vietnamesen durch ihr reines Bühnenhochdeutsch von den Schweizern ab. Dagegen ist bei den Schweizern der Akzent herauszuhören – stark bei Susi, Fritz, Karl, der Serviertochter und den Polizisten, mittel beim Stadtammann und der Dame vom Roten Kreuz, kaum merklich, aber trotzdem auch vorhanden, beim Manager und dem Geschichtslehrer. Zur Herstellung eines Eindrucks von diesem Akzent genügen die *scht-* und *schp-*Aussprache im Wortinnern und im Wortausgang (*Fescht* statt *Fest*, *Angscht* statt *Angst* usw.) sowie die mehr oder minder harte Aussprache aller *ch* (das *ch* in *ich* klingt gleich wie in *acht*).

*

Sollte das Stück je in der Schweiz aufgeführt werden, hielte der Autor eine Aufführung in schweizerdeutscher Mundart für verfehlt – ein solcher Naturalismus würde zu schnell den allzu bequemen Einwand heraufbeschwören, so sei es nun auch wieder nicht in der Schweiz. Das Stück will aber weniger zeigen, wie die Schweiz ist, als wie sie sein könnte (und damit, wie es überall sein könnte).

1. Akt
Die Begrüßung

Beginn bei offener Bühne.
Die Wirtschaft »Zum Kreuz« ist als Festsaal ausgeschmückt. Die Tische füllen sich allmählich. An einen Tisch setzen sich drei Vietnamesen. Von der einen zur anderen Wand ist ein Spruchband gespannt: »DIE SCHWEIZ BEGRÜSST VIETNAM« (auf Deutsch und Vietnamesisch). Hinten ist eine riesige weiße Projektionswand – links und rechts davon hängen eine Schweizerfahne und die von Vietnam. Neben dem ebenfalls mit schweizerischen und vietnamesischen Fähnchen dekorierten Tisch des Festkomitees ist ein Rednerpult aufgestellt.
Es ist Frühling.
Während auch das Theaterpublikum nach und nach Platz nimmt, tritt die Kapelle auf und spielt einen flotten Marsch (einen schweizerischen – doch es könnte auch der River-Kwai-Marsch sein).
Applaus.
An den Tisch des Festkomitees haben sich inzwischen gesetzt: der Stadtammann, die Dame vom Roten Kreuz, der Geschichtslehrer und der Manager für Public Relations der Firma Interswiss.
Der Stadtammann begibt sich ans Rednerpult.

Stadtammann Liebe Eidgenossen! Liebe Vietnamesen!
Ich danke zuerst der Kapelle »Edelweiß« für ihre volkstümlichen, flotten Klänge.
Applaus.
Mitbürger!
Als euer Stadtammann bin ich von der Firma Interswiss respektive von ihrem **Manager für** – er hat Mühe, den folgenden Ausdruck, den er sich notiert hat, zu lesen – **Public Relations** – der

Manager erhebt sich, verneigt sich lächelnd – gebeten worden, ein paar Worte an die Festgemeinde zu richten. Ich bin dieser Ehre gerne nachgekommen, das umso mehr, als die Firma Interswiss, in unserer Stadt wohlbekannt und wohlgelitten, das Patronat übernommen hat für die Aktion »Die Schweiz begrüßt Vietnam«, deretwegen wir heute alle hier in der festlich geschmückten Wirtschaft »Zum Kreuz« versammelt sind.
Festgemeinde!
Ich fasse mich kurz.
Die Welt ist heute klein. Und je mehr sie sich verkleinert hat, umso größer gewissermaßen ist dabei die Schweiz geworden, nämlich als eine Insel der Zuflucht für Menschen aus aller Welt, als eine Insel schlicht der Freiheit und des Friedens. Die Schweiz – eine Insel der Zuflucht. Vergegenwärtigen wir es uns. Die Ungarn sind zu uns geflüchtet, die Tibetaner, die Tschechen, darauf sogar ein paar Chilenen, bei denen allerdings ein paar Kommunisten drunter gewesen sind – und jetzt haben die Vietnamesen, fast schon ertrunken im Meer, auf dieser Insel der Schweiz ihre Zuflucht gefunden. Das Boot ist voll, hat es bei uns einmal vor langer Zeit aus eigener Not heraus heißen müssen – aber diesmal sollten auch die Vietnamesen auf ihren zum Sinken übervollen Booten nicht nur ein Boot mit Platz – nein, eine Insel der Zuflucht sollten sie finden. Und der Bundesrat hat die ursprünglich vorgesehene Zahl der Vietnamflüchtlinge in einer Sonderaktion auf über viertausend erhöht.
Vor wenigen Monaten sind sie nach zwanzig Stunden Flug, befreit von Angst und Schrecken, in Zürich-Kloten gelandet. Inzwischen wurden sie, betreut vom Roten Kreuz, mit unseren Sitten und Gebräuchen vertraut gemacht.

Nachbarn sollen sie sein und nicht Fremde. Das stand von Anfang an fest.

Das Motto des heutigen Festtages lautet demgemäß: *Die Schweiz begrüßt Vietnam.* So begrüßen wir denn in den Vietnamesen nicht Fremde, sondern unsere künftigen Nachbarn.

Die Firma Interswiss aber will dafür eine Stätte der Begegnung schaffen. Der Manager für Public Relations wird uns darüber berichten.

Was jedoch das Volk Vietnams schon jetzt mit dem Schweizervolk aufs Tiefste verbindet, ist sein gemeinsames Streben nach Unabhängigkeit, nach Freiheit. Ist es die Unabhängigkeit von den Vögten Habsburgs hier, dann ist es die Befreiung vom Joche des Kommunismus dort. So begrüße ich denn die Vietnamesen, unsere künftigen Nachbarn, mit dem Ruf:

Willkommen in der Freiheit!

Ich habe geschlossen.

Applaus von allen Seiten.

Die drei Vietnamesen stehen auf, lächeln, verbeugen sich mit erhobenen Händen, wenden sich gegen das Publikum und applaudieren – so lange, bis sie als Einzige noch applaudieren.

Der Stadtammann und der Manager sehen sich betreten an.

Männerstimme 1 Die klatschen ja, wie wenn sie direkt aus Moskau kämen. Wie im Fernsehen in Moskau.

Männerstimme 2 Vielleicht ist das auch in Vietnam so der Brauch.

Männerstimme 1 Vielleicht. Andere Länder, andere Sitten.

Der Manager begibt sich zu den Vietnamesen, zischt ihnen etwas zu. Die drei Vietnamesen hören auf zu applaudieren und setzen sich an ihren Tisch.

Die Serviertochter hat begonnen, die Bestellungen aufzunehmen. An verschiedenen Tischen wird sie verlangt.

Männerstimmen Fräulein! / Zwei Große! / Fräulein, Bier!
Serviertochter Jaja. Ihr seid nicht die einzigen Gäste im »Kreuz«, die Durst haben. Hab auch nur zwei Hände.
Der Manager bittet mit einer leichten Handbewegung um Ruhe.
Manager Ich danke dem Stadtammann, auch im Namen der Interswiss, für seine kurzen, prägnanten Worte. Wir wissen es alle. Er ist ein Mann von altem Schrot und Korn. Er sagt, was er denkt. Und was er sagt, das hat Gewicht in unserer Stadt. Wir danken ihm.
Applaus.
Tusch der Kapelle.
Jetzt aber freue ich mich, dass ich das Wort einer Dame, nämlich der Dame vom Roten Kreuz, übergeben darf, die unsere Vietnamflüchtlinge betreut hat seit ihrer Landung in Kloten, die ganze Zeit über in der provisorischen Unterkunft. Und sie wird sich auch jetzt weiter um sie sorgen im Interswiss-Village, wo sie heute hinkommen. Ich wiederhole die Worte unseres Stadtammanns: als unsere Nachbarn und nicht als Fremde. Und die heutige Eröffnung des Interswiss-Village für unsere Vietnamflüchtlinge – sie ist ja der Grund für unser heutiges Fest.
Die Dame vom Roten Kreuz begibt sich ans Rednerpult, wirkt hilflos.
Männerstimmen He! / Fräulein! / Bier!
Serviertochter Ja! Ich komme. Ich hab nicht vier Hände. Schon mal gesagt.
Dame vom Roten Kreuz stockend Liebe – Festgemeinde, wir vom Roten Kreuz, wir tun sicher, was wir können, und es ist zu wenig. Es ist viel zu wenig. Wenn man das Elend kennt von den Flüchtlingen aus Vietnam auf ihren übervollen Booten. Ich kann nur vom Elend und immer wieder neu vom Elend erzählen,

vom Elend dieses Landes, das nicht erst mit den sinkenden und gesunkenen Flüchtlingsbooten beginnt, die stehen nur am Ende von unsagbar viel Elend vorher in Vietnam, und auch das ist vielleicht noch nicht das Ende, dass das Elend dort aufhört, meine ich.
Die Reklamationen der Gäste sind verstummt. Es ist jetzt ganz still im Saal.
Ich habe Bilder mitgebracht, weil ich gedacht habe, diese Bilder reden ihre eigene Sprache.
Jedes Bild, das ist eine Geschichte.
Mir fehlen dann die Worte, wenn ich die Bilder sehe, alle diese schaurigen Bilder.
Das ist das erste Bild.
Auf der Projektionswand erscheint schwarz-weiß das Foto des Reporters Huynh Cong Ut: Vietnamesische Kinder fliehen am 8. Juni 1972 aus ihrem Heimatdorf Trang Bang, das mit Napalm bombardiert wird (abgebildet zum Beispiel im »Stern« vom 27. Dezember 1979, S. 94).
Die dunklen Wolken hinten. Das ist Napalm. Die Kinder fliehen aus ihrem Heimatdorf Trang Bang. Das kleine Mädchen da in der Mitte, das, das nichts anhat, das heißt Kim Phuc.
Das ist am 8. Juni 1972 passiert.
Lange Jahre, da wollte man den Krieg in Vietnam nicht wahrhaben, hier in der Schweiz nicht und sonst auch nicht.
Das Bild mit der kleinen Kim Phuc, die nichts anhat, das ging um die ganze Welt. Auch hier in der Schweiz kam es in die Zeitungen. Da konnte es wirklich niemand mehr abstreiten. Niemand.
Es hat Sammlungen für Vietnam gegeben damals bei uns in der Schweiz, ja.

Dann sind die Amerikaner abgezogen, und ganz Vietnam wurde kommunistisch.
Und daraufhin, da hat man Vietnam wieder ganz vergessen.
Das Bild erlischt.
Bis dann die Bilder von den Booten kamen. Von den Flüchtlingsbooten aus Vietnam.
Eine Reihe Fotos, schwarz-weiß, mit »Boatpeople« aus Vietnam (Reportage aus dem »Stern« vom 26. Juli 1979).
Foto (»Stern« vom 26. Juli 1979, S. 16): Sinkendes Boot, aus dem Leute ans Ufer waten.
Da – da ist ein Boot gestrandet. Jetzt sinkt es.
Foto (»Stern« vom 26. Juli 1979, S. 16): Marineschiff hinter kleinen Booten.
Da hat ein malaysisches Kanonenboot zwei Flüchtlingsboote vor der Küste gestoppt. Die Vietnamesen müssen wieder zurück aufs offene Meer. Das ist jetzt ungefähr vor einem Jahr gewesen.
Foto (»Stern« vom 26. Juli 1979, S. 10): Überfüllte Boote.
Und da. Da sieht man, wie voll die Boote sind.
Foto (»Stern« vom 26. Juli 1979, S. 14): Überfülltes Zwischendeck von schräg oben.
So hat es auf dem Zwischendeck der »Ile de Lumière« ausgesehen. Die »Ile de Lumière« ist ein Rettungsschiff gewesen, das die Vietnamflüchtlinge aufgenommen hat. Aber niemand weiß, wie viele Boote untergegangen sind.
Foto (»Stern« vom 26. Juli 1979, S. 13): Junge Frau, die weint, mit Verbrennungen am ganzen Körper.
Ich weiß nicht, wie diese junge Frau da auf dem Boot heißt. Aber ihre Geschichte, die weiß ich. Ihr ganzer Körper ist verbrüht. Das ist so passiert: Ihr Schwiegervater hat einen Topf kochendes Wasser über sie geschüttet. Das ist auf der

Flüchtlingsinsel Pulau Bidong gewesen, wo die ganze Familie gehungert hat, und sie hat sich geweigert, das Geld für Essen als Prostituierte zu verdienen.

Foto (»Stern« vom 26. Juli 1979, S. 12): Ein kleiner Junge, fast völlig nackt, wird auf ein Rettungsschiff gehievt.

Frauenstimme 1 Jeeeh!

Frauenstimme 2 Der ist dann aber herzig!

Dame vom Roten Kreuz Ja. Herzig ist er. Der kleine Bub. Da wird er grade vom Boot gerettet. Ungefähr zwei ist er damals gewesen. Jetzt habe ich noch Bilder, wie sie zu uns gekommen sind, die Vietnamflüchtlinge.

Foto von Vietnamflüchtlingen im Flughafen. Sie lächeln unsicher.

Das ist dann schon drin in Zürich-Kloten gewesen. Sie können sogar wieder ein bisschen lachen.

Und das jetzt ist noch ein kleiner Film aus dem Lager vom Roten Kreuz, wo sie zuerst hingekommen sind.

Ein amateurhaft gemachter Film – stumm, in Farbe. Lachende Vietnamesen, die übermütig in die Kamera sehen, winken.

Der da, der uns jetzt gerade so zuwinkt, vorne in der Mitte da, das ist der Tong Boi Hoa. Er ist auch hier jetzt unter uns im »Kreuz«.

Der Film ist zu Ende.

Komm doch mal, Tong Boi.

Der Vietnamese steht auf, verbeugt sich mit erhobenen Händen, lächelt.

Du kannst uns deine Geschichte am besten selber erzählen. Warum bist du aus Vietnam geflüchtet?

Erster Vietnamese Ich haben Vietnam verlassen, weil ich suchen wollte die Freiheit.

Ich war sechs Tage und sechs Nächte auf Boot auf Meer.

Es ist kleines Boot.
Warten auf großes Boot. Ist dann gekommen größeres Boot.
Wir hatten die Freude.
Sie uns haben gezogen und uns aber an einer Insel gelassen, wir nicht bleiben gekonnt.
Und Flugzeug.
Dann Flugzeug.
Und jetzt Freude wir hierbleiben jetzt.
Pause.

Dame vom Roten Kreuz Gefällt es dir denn bei uns, Tong Boi?
Erster Vietnamese Ja. Nur Schnee. Schnee sein schrecklich.
Dame vom Roten Kreuz zum Publikum Ja. Vor dem Schnee, da haben sie zuerst richtig Angst gehabt, so wie ein Schock ist das gewesen. Der Tong Boi Hoa, der kann schon ganz leidlich sprechen. Sie haben es ja gerade selber gehört. An den Schnee, da gewöhnen sie sich schon dran. Das Schwierigste für sie, mein ich, das ist eigentlich doch unsere Sprache. Aber sie sind sehr fleißig, unsere Vietnamesen. Nicht wahr, Tong Boi, du bist fleißig?
Erster Vietnamese strahlend Ja. Ich fleißig.
Er verbeugt sich mit erhobenen Händen, geht an seinen Platz zurück.
Dame vom Roten Kreuz Ja. Das Schwierigste ist vielleicht doch die Sprache. Man kann da nur hoffen, dass man sich gegenseitig versteht.
So wie jetzt im Frühling die Pflanzen wieder neu Wurzel fassen, so – so wie im Frühling …
Pause.
Der Manager erhebt sich und rettet dadurch die Situation.
Manager Ja, ganz recht, wie jetzt im Frühling die Pflanzen, so möchte auch die Interswiss mit dem Interswiss-Village den

Vietnamflüchtlingen ein Erdreich geben, in dem sie neue Wurzeln schlagen können auf Schweizer Boden. Ich danke der Dame vom Roten Kreuz für ihren – für ihren erschütternden Bericht.

Pause.

Zaghafter Applaus.

So darf ich denn das Wort weiter übergeben dem Geschichtslehrer an unserem städtischen Gymnasium. Er gehört ebenfalls dem Festkomitee an. Bitte, Herr Professor.

Der Geschichtslehrer begibt sich ans Rednerpult.

Tusch.

Applaus.

Geschichtslehrer Meine Damen und Herren. Wenn man aus der Geschichte nichts lernen könnte, dann wäre sie sinnlos. Der Sinn von Geschichte kann also nur darin bestehen, dass wir aus ihr lernen. Lernen, wie wir unsere Welt zu einer humaneren und sozialeren verändern können.

Vietnam hat eine uralte Geschichte und eine uralte Kultur. Sanft, aber zugleich zäh haben sich die Vietnamesen ihre Unabhängigkeit errungen in einem langen Marsch vom Roten Fluss bis hinunter ans Mekongdelta durch die Jahrhunderte und durch die Kulturen, die sie sich im Verlauf der Jahrhunderte angeeignet haben. Durch die Zeiten und die Räume hindurch haben sie sich ihre Unabhängigkeit zuerst errungen und dann immer wieder verteidigt und neu erringen müssen. Also muss der Sinn der vietnamesischen Geschichte in eben der Unabhängigkeit Vietnams bestehen.

Bild: Buddha, sitzend, Cochinchina. Nationalmuseum Südvietnam, Saigon (Fotografie Bernard Philipe Groslier, Indochina, Genf 1966/1979, S. 18).

Diese sitzende Buddhafigur im Funan-Stil, die Sie hier sehen, wurde gefunden auf dem Territorium des heutigen Vietnam und stammt aus dem sechsten oder siebten Jahrhundert. Zu dieser Zeit sind die Vietnamesen noch auf dem Weg zu ihrer Unabhängigkeit – zur gleichen Zeit, da dieser Buddha, als wäre er lebendig, versunken in sich lächelt – zur gleichen Zeit, meine Damen und Herren, ist auf dem Territorium der heutigen Schweiz außer den Alpen fast nichts als Urwald gewesen, praktisch nur Urwald – davon können Sie sich jederzeit persönlich in unserem städtischen Museum überzeugen mit eigenen Augen, Abteilung Frühmittelalter: praktisch nichts als Urwald …

Stadtammann schüttelt den Kopf Das kann man doch gar nicht miteinander vergleichen. Das ist doch …

Geschichtslehrer Ein weiteres Zeugnis alter Kultur in Vietnam – diesmal aus der Zeit, in der die Unabhängigkeit der Vietnamesen erstmals fassbar ist.

Bild: Göttin, nackt, Torso. Huong-que. Nationalmuseum Südvietnam, Saigon (Fotografie Groslier 1966/1979, S. 105).

Jemand von den Gästen des »Kreuz« pfeift durch die Zähne.

Diese Figur stellt eine Göttin dar. Sie befand sich, wie übrigens auch der Buddha, im ehemaligen Nationalmuseum Südvietnam in Saigon, heute Ho-Chi-Minh-Stadt. Man sieht, der Kopf wurde ihr einmal abgeschlagen, die Arme fehlen. Ihr Gesicht, ihr Körper aber ist lebendig durch die Jahrhunderte hindurch. Die Figur stammt aus dem Anfang des zehnten Jahrhunderts – genau aus der Zeit, als die Vietnamesen zum ersten Mal ihre Unabhängigkeit erreicht haben. Im Jahr 939. Das ist also, meine Damen und Herren, fast vierhundert Jahre vor dem Rütlischwur.

Stadtammann schüttelt den Kopf Aber das ist doch etwas ganz anderes!

Geschichtslehrer Unser Stadtammann hat am heutigen Fest den Unabhängigkeitswillen Vietnams, und das nicht ohne ein gewisses Recht, verglichen mit demjenigen der Schweiz. Ich nehme aber an, dass der Stadtammann mit diesem Vergleich nicht eine Freiheit im Sinn haben kann, die einem Volk mit Waffengewalt, mit Bomben und Napalm aufgezwungen werden sollte …

Stadtammann Ich protestiere! Ich protestiere!

Der Manager legt ihm beschwichtigend die Hand auf den Arm.

Geschichtslehrer Aber genau eine solche Freiheit haben die USA dem vietnamesischen Volk aufzwingen wollen, eine Freiheit mit Bomben und Napalm. Da denke ich, um den Vergleich des Herrn Stadtammann noch einmal aufzugreifen: Wenn man für die Schweiz als Freiheitshelden den legendären Wilhelm Tell herbemüht, dann kann der Freiheitsheld von Vietnam nicht Johnson oder Nixon heißen – nein, der Wilhelm Tell von Vietnam – Ho-Chi-Minh!

Bild: Ho-Chi-Minh. Porträtaufnahme.

Pfiffe. Empörung im Saal.

Männerstimme Ein Kommunist!

Dame vom Roten Kreuz halblaut zum Geschichtslehrer Scht! Sie schaden doch nur unserer Sache!

Stadtammann Also das ist einfach zu viel! Was zu viel ist, ist zu viel.

Allgemeine Unruhe.

Geschichtslehrer Ich will den Beweis nicht schuldig bleiben. Das damalige Nordvietnam, das unter der Führung von Ho-Chi-Minh sich gegen die Großmacht USA verteidigte, war nicht größer als ungefähr dreimal so groß wie die Schweiz. Ich beweise Ihnen das Ausmaß der US-Aggression, und damit komme ich zum wohl traurigsten Kapitel in der Geschichte Vietnams, mit einer Grafik.

Die Grafik, die jetzt auf der Projektionswand erscheint, verzeichnet links, dargestellt mit symbolisierten Bomben, die Bombenabwürfe der USA im Zweiten Weltkrieg (2 Millionen Tonnen), rechts die auf Vietnam von 1965 bis Mitte 1972 (6,9 Millionen Tonnen – noch ohne die späteren, zum Teil schweren Bombardements). Die Angaben entstammen dem Kulturfahrplan.

Geschichtslehrer Links die Bombenabwürfe der USA während des Zweiten Weltkriegs: 2 Millionen Tonnen. Rechts die Bombenabwürfe der USA auf Vietnam von 1965 bis Mitte 1972: 6,9 Millionen Tonnen. Wenn wir das auf die Schweiz umrechnen, würde das also bedeuten: Die USA hätten auf die Schweiz mehr Bomben abgeworfen als weltweit im gesamten Zweiten Weltkrieg. Und trotzdem hätte die Schweiz gegen die USA gewonnen.

Schweigen.

Männerstimme Allerhand. Allerhand.

Geschichtslehrer Und Opfer dieser US-Aggression sind letzten Endes auch unsere Vietnamflüchtlinge, Opfer eines Kriegs, in dem die USA Vietnam brutal zu bezwingen versuchte und es fast ganz kaputt gemacht hat dabei. Unsere Vietnamesen hier: Opfer der US-Aggression.

Stadtammann Nein! Opfer von den Kommunisten sind das und nichts anderes!

Geschichtslehrer Indirekte Opfer des spätkapitalistischen US-Imperialismus, letzten Endes.

Manager lächelnd Und die Gewaltakte der Sowjetunion in Vietnam? Und die kommunistische Diktatur im heutigen Vietnam – hat nicht sie unsere Flüchtlinge mit Gewalt ins Meer hinausgetrieben auf ihren Booten, Herr Professor, die kommunistische Diktatur des heutigen Vietnam?

Geschichtslehrer Das ist alles Gegengewalt! Gegengewalt auf die US-Gewalt.

Manager ruhig Wir können das ja vielleicht gelegentlich im kleineren Kreis ausdiskutieren.

Geschichtslehrer ereifert Und die Interswiss, ja, unsere hiesige Interswiss hat da kräftig mitverdient mit ihren Waffenlieferungen nach Fernost. Sie hat schon, unter anderem Firmennamen, Hitler die Waffen geliefert. Und genau diese Interswiss, die jetzt mit Vietnamflüchtlingen Reklame machen will, genau diese Interswiss hat an den Bomben auf Vietnam mitverdient!

Stadtammann steht auf Ich protestiere. Ich protestiere aufs Allerschärfste …

Manager Beruhigen Sie sich, Herr Stadtammann. Das ist eben der Standpunkt unseres Professors. Wir leben zum Glück in einer Demokratie. Bei uns in der Schweiz darf jeder sagen, was er denkt …

Stadtammann Aber das ist doch ein Kommunist, jawohl, ein Kommunist ist das. Und das geht doch hier und heute einfach zu weit!

Manager leise Richtig, Herr Stadtammann. Und genau darum, weil es zu weit geht, nimmt es auch gar niemand ernst. Bitte, Herr Professor.

Pause.

Der Stadtammann setzt sich.

Geschichtslehrer noch sehr aufgeregt Fast alles hat der US-Imperialismus in Vietnam kaputt gemacht, Menschenleben, Kultur, ganze Wälder wurden künstlich entlaubt, Prostitution – hier, hier ein Bild aus dem Saigon von 1971.

Foto: US-Soldaten und Barmädchen im Supermini, Saigon 1971 (Spiegel, 7. Januar 1980, S. 112).
Jemand pfeift durch die Zähne.
Jedes zweite Haus in Saigon hat damals seine Amibar gehabt, so wie hier: US-Soldaten und Barmädchen, Prostituierte, und heute in Vietnam, in Saigon, in Ho-Chi-Minh-Stadt, heute sind da wieder wie früher die kleinen Handwerksbuden, ich zeige es gleich, ich zeige gleich die Bilder, und wie die ehemaligen Prostituierten, wie sie im befreiten Vietnam umerzogen werden, ich suche gerade die Bilder, bin dabei …
Er sucht nervös.
Pause.
Aus Versehen betätigt der Lehrer beim Suchen einen Lichtschalter am Pult.
Dunkel. Nur das Bild mit den Barmädchen gibt noch Licht.

Männerstimme 1 Letztes Jahr bin ich in Bangkok gewesen.
Männerstimme 2 Ja was! Du!
Männerstimme 1 Mit dem Kegelklub.
Männerstimme 2 Aha.
Männerstimme 3 Du und in Bangkok. Haha.
Männerstimme 1 Ja. Hättet ihr mir allweg nicht zugetraut, he?
Männerstimme 2 Fotoapparate. Das können ja die Japaner.
Männerstimme 3 Motorräder. Kawasaki.
Männerstimme 2 Quarzuhren.
Männerstimme 1 Aber gerade bei den Uhren. Schweizer Qualitätsarbeit, da kommen sie halt nicht mit. In Bangkok, die wollten mir ja glatt eine Schweizer Markenuhr andrehen …
Pause.
Die Serviertochter hat Licht gemacht.
Der Lehrer sucht immer noch in seinen Bildern.

> Der Manager steht auf, geht während dem, was er sagt, vor dem Tisch des Festkomitees betont ungezwungen hin und her.

Manager Herr Professor, wir danken Ihnen.
> Mäßiger Applaus, vereinzelte Pfiffe.
> Der Lehrer begibt sich, ziemlich durcheinander, an seinen Platz.
> Sehr informativ, die Ausführungen, wirklich sehr informativ. Vielleicht aber doch auch wieder, ich meine in gewisser Hinsicht, etwas – einseitig.
> Er lächelt.
> Man kann es natürlich so ansehen, zugegeben, zugegeben. Aber vielleicht ist es nicht mehr so ganz auf der Höhe der Zeit, wie unser Geschichtslehrer die Welt sieht, gewissermaßen durch die Ereignisse der letzten Jahre überholt, gerade wieder durch die allerjüngsten Ereignisse, nicht wahr. Das zeigen uns ja nicht zuletzt unsere Vietnamflüchtlinge …

Stadtammann Als Opfer des Kommunismus …

Geschichtslehrer Als indirekte Opfer des spätkapitalistischen US-Imperialismus …

Manager *lächelnd* Vielleicht, wie gesagt, nicht mehr ganz auf der Höhe der Zeit, unser Professor, oder, wie es früher geheißen hätte: nicht mehr ganz »in«, nicht wahr, Herr Professor? Doch wir kennen keinerlei Tabus, und wir stellen uns ohne jede Scheu auch der Vergangenheit, wenn es von uns verlangt wird. So wie das auch der Bundesrat getan hat. Als die Fernsehserie »Holocaust« gelaufen ist mit dem schrecklichen Schicksal der Juden damals in Deutschland, da, da haben auch wir in der Schweiz uns besonnen. Dass jüdische Flüchtlinge an der Schweizer Grenze zurückgeschickt wurden in den sicheren Tod. Ja. Und aus dieser Besinnung heraus hat dann der Bundesrat im Rahmen der Sonderaktion Vietnamflüchtlinge 79 und im Sinne auch einer symbolischen Wiedergutmachung die Zahl der Vietnamflüchtlinge auf über viertausend erhöht, wie das der Stadtammann schon angetönt hat – um aus den Versäumnissen der Vergangenheit zu lernen und der Welt ein Zeichen zu setzen.

Stadtammann Also das mit den Deutschen ihren Sachen damals hat die Schweiz dann nie etwas zu tun gehabt, nur damit das klar ist …

Manager Richtig. Von Versäumnissen höchstens könnte man sprechen. Dass das Boot damals vielleicht doch nicht so ganz voll gewesen sein könnte.
Liebe Festgemeinde.
Die Interswiss möchte, ganz ähnlich wie der Bundesrat, auch einen Akt symbolischer Wiedergutmachung leisten. Es ist, meine Damen und Herren, ein offenes Geheimnis, dass die Firma Interswiss vor ein paar Jahren wegen bestimmter Exportgeschäfte ins Gerede gekommen ist. Und obwohl vor Gericht nichts, aber auch wirklich nichts bewiesen werden konnte, auch nicht die angeblichen Waffengeschäfte nach Fernost, die der Herr Professor erwähnt hat – so glaubt es doch die Interswiss ihrem Goodwill schuldig zu sein, dass sie, ganz ähnlich wie der Bundesrat, angesichts dieser sinkenden und gesunkenen Boote der Vietnamflüchtlinge –, dass die Interswiss den seinerzeitigen üblen Gerüchten, die, nebenbei gesagt, sich leider auch auf die Zahl der Arbeitsplätze hier in der Stadt ausgewirkt haben, schmerzlich besonders für die italienischen Gastarbeiter, das muss ich hier beifügen – kurz, dass die Firma Interswiss in einer Goodwillaktion das Patronat für das Interswiss-Village übernimmt, für eine Heimstätte also von unseren Vietnamflüchtlingen.

Damit, liebe Festgemeinde, kommen wir zum Höhepunkt des heutigen Festes.

Tusch. Einige Takte Marschmusik.

Der Manager fährt auf einem Servierwägelchen das Modell des Interswiss-Village vor den Tisch des Festkomitees. Es ist aus weißem Gips und wirkt geradezu winzig.

Die Marschmusik endet in einem Tusch.

Vielleicht können ein paar von unseren Vietnamesen – für das Pressefoto …

Die Dame vom Roten Kreuz erklärt den drei Vietnamesen, sie sollen sich neben das Modell stellen. Auch die übrigen Mitglieder des Komitees gruppieren sich fürs Pressefoto um das Modell.

Applaus.

Blitzlicht der Pressefotografen.

Der Manager erklärt mit seinem silbernen Kugelschreiber das Modell.

Manager Liebe Festgemeinde. Klein zwar, ja winzig vielleicht scheint das Modell, das ich Ihnen hier auf dem Servierwägelchen hineingerollt habe – groß aber ist die Idee, die es symbolisiert: »Die Schweiz begrüßt Vietnam.«

Wir haben hier die Wirtschaft »Zum Kreuz«. Das da und auch da sind die Wohnblocks unserer einheimischen Bevölkerung. Und hier, direkt neben dem »Kreuz« und vor den Blocks und praktisch also direkt vor den Toren der Interswiss: Da sehen Sie, soweit dies beim kleinen Maßstab möglich ist, die Pavillons des Interswiss-Village für unsere Vietnamflüchtlinge. Nicht Fremde, nein, unsere Nachbarn sollen sie sein. Hier zum Beispiel hat die Interswiss im Verein mit der Stadt die Räumlichkeiten für den Karatekurs eingerichtet – im Sinne eines gegenseitigen Sich-Näherkommens auch dies. Aber vielleicht äußern sich jetzt unsere künftigen Nachbarn.

Dame vom Roten Kreuz zu den Vietnamesen Ist es schön, das Village?
Erster Vietnamese Angst. Weiß wie Tod.
Zweiter Vietnamese Weiß wie Schnee. Angst.
Dritter Vietnamese Weiß wie Schnee wie Tod.
  Pause.
  Bestürzung im Komitee und in der Festgemeinde.
Dame vom Roten Kreuz Das ist eben ihre Angst vor dem Schnee. Weiß, das ist bei ihnen die Farbe, die Macht bedeutet und Verrat. Und Tod.
Manager Aber das ist doch nur Gips hier.
Dame vom Roten Kreuz Ich glaube, das haben sie vom Chinesischen. Weiß, das macht ihnen Angst.
Stadtammann Aber Weiß, das ist doch das Symbol der Unschuld, herrschaftnochmal, wie das weiße Kreuz im roten Feld!
Dame vom Roten Kreuz Für uns. Aber bei ihnen. Sie können nichts dafür.
  Pause.
Manager zum ersten Vietnamesen Wie – ist – es – hier? Du! Wie – sein – hier?
Erster Vietnamese Schön.
Manager Was – gefallen – euch – nicht – hier?
Erster Vietnamese Kalt ist.
Manager Und was ist – für euch – am schönsten hier?
Die drei Vietnamesen, strahlend Die Freiheit!
  Pause.
Stadtammann Jetzt seid ihr im freien Westen. Besser hättet ihr es gar nicht treffen können. In der Schweiz seid ihr.
Manager zum Publikum Sie werden übrigens auch so bald es geht in den Arbeitsprozess der Interswiss eingespannt.
An diesem kleinen Modell kann ich Ihnen ja jetzt nicht viel

weiter erklären. Es ist ja auch nur ein Modell. In Wirklichkeit ist natürlich alles unvergleichlich viel eindrücklicher. Wenn Sie Zeit haben, dann spazieren Sie vielleicht mal selber durch das Interswiss-Village. Man muss es einfach selber erlebt haben. Besichtigen Sie die Pavillons, Sie dürfen auch ruhig hinein und sich auch drin umsehen.
Am Abend übrigens werden hier im Saal vom »Kreuz« vietnamesische Volkstänze aufgeführt. Die Eintrittskarten sind gratis, gestiftet von der Firma Interswiss.
Tusch.

Dame vom Roten Kreuz wie zu sich   Hoffentlich verstehen sie unsere Sprache. Mit dem Schnee, da ist es nicht so schlimm, da gewöhnen sie sich schon dran, und jetzt ist Frühling. Aber die Sprache.

Vorhang.

2. Akt
Die Begegnung

Noch bei geschlossenem Vorhang ist ein harter Rock'n'Roll von Elvis Presley zu hören. Während den letzten Takten öffnet sich der Vorhang. Die Wirtschaft »Zum Kreuz« im Werktagskleid: ordentlich zwar, aber ein bisschen heruntergekommen trotz oder wegen der sichtbaren Spuren von Renovation aus verschiedenen Epochen, was zu einem Stilgemisch von Vorkriegsmobiliar, Picassotapeten der 50er Jahre, skandinavischer Sachlichkeit beim neuen Buffet über schweizerische Folklore bis zu grellen Discopostern an der Hinterwand geführt hat. Dies alles erscheint nun in einem sehr gewöhnlichen Licht. Die Fahnen sind weg. Es ist Sommer.
An einem Tisch sitzen drei Vietnamesen, in ihre Sprachbücher vertieft. Bei der Musikbox steht ein junges Mädchen in Motorradkleidung, Susi. Den Helm lässt sie noch zum Takt der verklungenen Musik an der Hand baumeln. Zwei junge Männer, Karl und Fritz, ebenfalls in Motorradkleidung (Rockerstil), spielen am Flipperkasten.
Flippergeräusch.
Susi wählt an der Musikbox eine neue Platte, wieder mit Elvis Presley, aber eine weiche, romantische Melodie: »Love me tender«.
Hinter der Theke steht die Serviertochter.
Die drei Vietnamesen lernen Deutsch, indem sie sich gegenseitig abfragen. Sie tun dies so eifrig, dass es bisweilen die Musik übertönt.

Erster Vietnamese Chung toi la ban. Was heißt auf Deutsch: Chung toi la ban?
Zweiter Vietnamese Wir sind eure Freunde. Chung toi la ban – das heißt: Wir sind eure Freunde.
Dritter Vietnamese Chung toi la linh my. Was heißt das?

Erster Vietnamese Wir sind amerikanische Soldaten.
Zweiter Vietnamese Gan day co linh khong?
Erster Vietnamese Sind die Soldaten nahe von hier?
Fritz Die hätten wohl auch gern solche Monturen wie wir. Zu den Vietnamesen: **Damit ihr es wisst, das ist dann original US.** Er zeigt auf das Etikett: **Hier steht's. Made in USA. Western Style.**
Die Vietnamesen lächeln verlegen und lernen stumm weiter.
Flippergeräusch.
Karl So. Über viertausend hab ich. Susi, du bist dran.
Sie scheint nicht zu hören.
Was hast du denn da wieder für Schwachstrommusik?
Susi Das ist doch der Elvis. Wie der Rock'n'Roll vorher. Sie summt mit: Love me tender, love me true …
Karl Bist wieder am Träumen. Ist doch Schwachstrom.
Susi wischt sich eine Träne aus dem Auge.
Fritz geht zu Susi.
Fritz Du. Hast du etwas?
Susi Nichts, Fritz.
Karl Lass sie in Ruhe. Wenn sie träumen will, so soll sie träumen. Und dich geht das nichts an. Ist ihre Art und verstehst du nicht. Klar? Und wenn sie nicht spielen will, dann spielst jetzt du für sie. Klar?
Fritz geht an den Flipperkasten.
Fritz Was! Über viertausend. Leck mir. Da muss ich mich ja mordsmäßig anstrengen.
Flippergeräusch.
Die Musik geht zu Ende.
Du, Karl. Sonst sind doch mehr hier im »Kreuz«.
Karl Wahrscheinlich das Ostbad, das sie jetzt neu offen haben. Da sind sie jetzt zum Schwimmen, die andern.

Susi Au ja. Schwimmen. Wer weiß, wie lang es so warm bleibt. Der Sommer ist kurz. Viel zu kurz ist er.

Karl Und die da drüben halt. Die – die vertreiben auch die Leute aus dem »Kreuz«. Ohne Schwimmen und ohne Sommer. Diese – Vietnamesen.

Serviertochter kommt wie zufällig   Wollt ihr noch etwas zum Trinken?

Karl Ein Großes.

Fritz Mir auch.

Karl Du, Susi?

Susi Für mich ein Cola. Mit Eis, bitte.

Karl zur Serviertochter   Kannst du eigentlich deren ihre Lärmerei nicht abstellen?

Serviertochter Deutsch lernen müssen sie doch. Und – ohne sie gäbe es schließlich auch nicht den Karatekurs im Village, wo ihr ja auch mitmacht. Hat doch auch die Stadt organisiert und die Interswiss.

Karl Schon recht. Aber diese fremden Fötzel mit ihrem verdammten Kauderwelsch …

   Er wird durch die Vietnamesen unterbrochen, die laut ihre auswendig gelernten Sätze üben.

Erster Vietnamese Die Schweiz ist schön!

Zweiter Vietnamese Die Schweiz ist frei!

Dritter Vietnamese Die Schweiz ist – human!

Erster Vietnamese Die Schweiz hat hohe Berge!

Zweiter Vietnamese Die Schweiz ist das Herz Europas!

Dritter Vietnamese Die Schweiz ist eine Insel der Zuflucht!

   Pause.

Karl Also jetzt gehen mir die fremden Fötzel doch langsam, aber sicher schaurig auf den Wecker. Müssen wir uns das bieten lassen?

Susi Sollen sie denn nicht einmal Deutsch lernen dürfen, Karl?
Fritz Sie tun doch nichts anderes als Deutsch lernen, Karl.
Susi Bald tun sie ja auch schon in der Interswiss arbeiten. Mit euch zusammen.
Karl Und wenn sie dafür dann uns kündigen?
Pause.
Fritz denkt nach Doch. Zuzutrauen wär's ihnen schon. Weil wenn sie die auf die Straße stellten, fiele es auf. Und weil wenn sie uns auf die Straße stellten, dann fiele es gar nicht so fest auf. Denkt erneut nach. Aber eigentlich, glauben tu ich's trotzdem nicht. Die kämen doch zuallererst dran.
Karl Und wieso?
Fritz Das ist doch ein viel zu großer Unterschied zwischen einem Schweizer und einem Vietnamesen. Und das könnten sie sich auch wieder nicht leisten. Das fiele doch noch viel mehr auf.
Karl Hoffen wir's.
Serviertochter bringt die Getränke Durstiges Wetter heute.
Fritz Verdammt. TILT.
Er setzt sich an den Tisch.
Pause.
Erster Vietnamese Unsere Geschichte.
Zweiter Vietnamese haben – Mensch – entfliehen – Leute – Feind – Rebell – gehen – sich – verbergen …
Karl Also was soll das jetzt wieder?
Susi Vielleicht ist es eines von ihren Märchen. Sie haben viele Märchen im Land, wo sie herkommen.
Fritz Ich glaube auch, es ist ein Märchen aus ihrem Vietnam.
Dritter Vietnamese Ein Mann floh einmal vor seinen Feinden und verbarg sich …
Erster Vietnamese ch co nui thamm hang kung …

Dritter Vietnamese … und verbarg sich in einem fernen Berg in einer tiefen Höhle.
Zweiter Vietnamese mot dem ze mat zamng trong …
Karl steht auf   Jetzt langt's mir aber!
   Er geht auf den Tisch zu, an dem die Vietnamesen Deutsch lernen. Der erste Vietnamese steht auf – aus Höflichkeit. Er lächelt.
Karl   So. Du willst wohl dein Karate ausprobieren. Aber nicht bei mir – bei mir nicht, Bürschchen.
   Der erste Vietnamese lächelt und verbeugt sich mit erhobenen Händen.
Karl grob und laut   Du. Hau ab.
Erster Vietnamese   Bitte?
Karl   Abhauen!
Erster Vietnamese   Bitte?
Karl   Abhauen!
Erster Vietnamese   Wie bitte?
Karl   He, Susi, Fritz! Habt ihr das gehört? Wie der redet. Imitiert ihn: »Wie bitte?« Der meint wohl, er sei etwas Besseres als unsereins.
Susi   Wenn er doch erst Deutsch lernt.
Karl   Ein eingebildeter Pinsel ist das. Hau ab. Ich sag's dir zum letzten Mal.
   Der erste Vietnamese lächelt, verbeugt sich mit erhobenen Händen.
Susi   Und wohin soll er denn abhauen, wenn's nach dir ginge?
   Pause.
Karl   Wo die ihn hergeholt haben, denk, ganz einfach. Nach Vietnam.
   Als die beiden andern Vietnamesen das Wort »Vietnam« hören, erheben sie sich: erfreut, interessiert, lächelnd.
Zweiter und dritter Vietnamese   Vietnam?
Karl   Vietnam. Ja, verdammt noch mal!
   Pause.

Fritz Jetzt lass doch die mal in Ruhe. Du bist dran beim Flipper. Bei mir ist TILT. He! Du hast doch schon über viertausend.

Susi wie nebenbei Ich habe übrigens gehört, dass die Vietnamesen sehr höflich sind. Da könntet ihr euch ruhig ein Beispiel nehmen.
Pause.

Karl Was? Höflich? Die?
Pause.
Woher willst du das eigentlich wissen?

Fritz zur Serviertochter, die hinter dem Buffet Gläser spült, aber ständig alles beobachtet He, du dort! Noch ein Bier. Zu sich, kopfschüttelnd: Hat der über viertausend und will nicht spielen.

Susi Ich weiß das von einer im Büro. Die ist in Ceylon gewesen und hat erzählt, wie ihr die Boys im Hotel jeden Wunsch von den Augen abgelesen haben am Swimmingpool. Also richtig hin war die. Einen grässlichen Sonnenbrand hat sie allerdings nachher auch gehabt, die ganze Haut verbrannt. Aber höflich seien die gewesen ...
Pause.

Karl zum ersten Vietnamesen Schlotterst du deshalb so, weil du kalt hast hier – oder weil du Angst hast vor uns? He?

Erster Vietnamese Wie bitte? Welches ist bitte die Bedeutung von »schlottern«?

Karl Ja eben schlottern. Schlottern, kalt haben, Angst haben.

Erster Vietnamese Angst?

Fritz Weil ihr kalt habt hier, meint er. Verstehen du? Frieren.
Fritz versucht, es ihm mit Gesten begreiflich zu machen.
Die Serviertochter bringt das Bier.

Serviertochter Ja. Es soll wieder kälter werden. Haben sie im Radio gemeldet.

Erster Vietnamese Frieren. Angst. Schlottern?

Fritz Ja!
   Der erste Vietnamese freut sich und klatscht leicht in die Hände.
Die drei Vietnamesen zusammen, freudig   Schlottern, schlottern, schlottern.
Dritter Vietnamese   Ein neues Wort!
Karl   Also wir haben euch nicht hergeholt. Von mir aus könnt ihr ruhig wieder gehen – an euren Swimmingpool. Bitte.
Fritz zu Susi: Weißt eigentlich du, warum die hier sind?
Susi sichtlich stolz auf ihr Wissen: Das soll wegen einer Fernsehsendung gewesen sein, hab ich gehört, wo sie die Juden verbrannt haben. »Holocaust« oder so, und dann hat der Bundesrat beschlossen, über viertausend von ihnen zu uns zu holen, doppelt so viel, wie sie vorher gewollt haben.
Fritz   Also das begreife ich nicht.
Susi   Was?
Fritz   Was die Vietnamesen mit den Juden und dem Bundesrat zu tun haben.
Susi   Ich auch nicht.
   Längere Pause.
Fritz   Also wird jetzt gespielt oder nicht? Karl, du mit deinen über viertausend.
Karl zu Susi   Ist das wirklich wahr, was du da gesagt hast? Und ohne diese verbrannten Juden im Fernsehen wären die drei hier vielleicht gar nicht bei uns? Ist das die Möglichkeit? Die wären noch – in Vietnam?
Susi sinnierend   In Vietnam – da wären die drei hier wohl nicht mehr. Viel eher wären sie auf ihrem Boot irgendwo im Meer ertrunken. Wenn sie die Schweiz nicht aufgenommen hätte.
Karl   Ich begreif das trotzdem nicht. Zuerst schicken sie die Italiener heim nach Italien wegen der Überfremdung, und dann holen

sie die da und sagen, es sei ein Symbolakt oder so ähnlich mit diesem Interswiss-Village, diesen Pavillons da, weil die Schweiz immer hilfsbereit gewesen sei, und dann sind am Schluss noch die Juden schuld daran, wenn sie nicht ertrunken sind, und wir, Susi, wir und unsereins können dann das Ganze ausbaden.

Susi So ist es aber.

Fritz Karl. Der Flipper.

Karl Ich hab jetzt genug Flipper. Mach du ihn.
  Fritz macht Karls Spiel. Man hört nur die Geräusche des Flipperkastens.

Karl zur Serviertochter He du! Noch eins. Er lacht plötzlich und sagt zu den Vietnamesen: Mit euch haben sie auch ganz schön herumgeflippert. Wer weiß, wenn nicht die Juden zur rechten Zeit verbrannt worden wären, da wärt ihr versoffen, und jetzt können wir es ausbaden, dass ihr uns auf den Füßen herumtrampelt, und das tut ihr, unsereins auf den Füßen herumtrampeln, nichts anderes.

Susi Karl. Bitte. Hör jetzt auf.
  Die Vietnamesen lächeln und verbeugen sich mit erhobenen Händen.

Karl Ich habe nur gesagt, was stimmt.

Susi Du bist doch aber auch dabei gewesen, als sie die Bilder gezeigt haben mit den Booten, die am Sinken waren, voller Flüchtlinge aus Vietnam wie sie da.
  Pause.

Fritz am Flipperkasten TILT! Gottverdeckel.
  Pause.

Die drei Vietnamesen freudig Schlottern! Schlottern!

Karl Ja. Schlottern. Und schwimmen vor allem hättet ihr lernen sollen. Schwimmen. So.
  Er macht Schwimmbewegungen.
  Schwimmen!

Ein Vietnamese nimmt das Sprachbuch und schlägt nach. Er strahlt, als er das Wort findet und es den beiden anderen mitteilt.

Zweiter Vietnamese Schwimmen – boi! Schwimmen – boi!

Die drei Vietnamesen zusammen, freudig Schwimmen, schwimmen, schwimmen.

Karl Und unsereins kann es ausbaden. Aber eines sage ich euch: Hier in der Schweiz regiert noch immer das Volk, und wir haben noch jedem gezeigt, wer der Meister ist. Und wir – wir haben nichts mit Juden zu tun, das ist nicht unser Bier, und dann sollen euch doch die nehmen, die das mit den Juden gemacht haben, und die sollen euch ihr Interswiss-Village aufstellen, die, die da Dreck am Stecken haben, bei ihnen selber, genau dort sollen sie das Village machen, aber nicht auf dem Rücken vom Schweizer Volk. Nein, nicht da, da nicht. Ist doch wahr.

Die Serviertochter bringt das Bier.

Serviertochter Und dass sie euch im Village jetzt extra den Karatekurs anbieten, ist das etwa nichts, he? Und gestern hat es schon wieder eine Schlägerei gegeben. Ihretwegen da. Ist das nötig? Und sie können doch gar nichts dafür. Ist das nötig, he?

Karl Das ist doch … das ist ja nur ein bisschen Karatetraining gewesen.

Serviertochter Der Karatekurs solle der Völkerverständigung dienen, haben sie gesagt. Damit die Vietnamesen unsere Nachbarn sind und nicht Fremde, haben sie gesagt. Flüchten haben sie müssen auf ihren Booten. Und dass sie bei uns jetzt Zuflucht gefunden haben.

Karl Haben sie gesagt. Ja. Aber unsereins hat es auszubaden, das mit der Völkerverständigung, unsereins, und nicht die Herren, die das gesagt haben. Nein. Unsereins. Zu den Vietnamesen: Ihr verdammten fremden Fötzel!

Serviertochter resolut Jetzt lass sie endlich in Ruhe. Sonst.

Karl Also wenn du so kommst. Bei uns in der Schweiz hat man noch immer sagen dürfen, was man denkt. Oder stimmt's etwa nicht?

Serviertochter Ja. Und das »Kreuz« hier, das ist eine anständige Wirtschaft für anständige Gäste. Verstanden?

Karl Du. Jetzt wart mal. Jetzt aber in aller Ruhe. Sind die anständig, oder sind wir anständig, he?

Serviertochter stemmt ihre Arme in die Seiten Meine Gäste sind alle anständig, ist das verstanden? Und wer sich nicht anständig benimmt, den will ich auch nicht als Gast. Und sie haben euch nichts getan und sind auch Menschen wie ihr und können nichts dafür. Und jetzt ist Ruhe.

Sie geht zur Musikbox, lässt den gleichen Marsch herunter, der den ersten Akt eröffnet hatte, und stellt den Lautsprecher auf volle Lautstärke.

Nach dem letzten Takt ist einige Zeit Schweigen.

Die Einheimischen trinken stumm ihr Bier.

Die Vietnamesen sind an ihren Tisch gegangen und halten mit ernster Miene ihr Sprachbuch in der Hand.

Erster Vietnamese Anhalten!
Zweiter Vietnamese Doi day!
Erster Vietnamese Aufstehen!
Dritter Vietnamese Durng len!
Erster Vietnamese Marsch, marsch!
Dritter Vietnamese Mau len!
Erster Vietnamese Langsam gehen!
Zweiter Vietnamese Di cham lai!

Pause.

Karl Ich sag nichts mehr.
Erster Vietnamese Nicht schießen!

Dritter Vietnamese Dirng ban!
  Pause.
Erster Vietnamese Nicht schießen!
Zweiter Vietnamese Dirng ban!
  Pause.
Erster Vietnamese Okay.
  Pause.
Erster Vietnamese plötzlich freudig Was heißt – boy?
Zweiter und dritter Vietnamese strahlend Schwimmen, schwimmen, schwimmen.
Die drei Vietnamesen zusammen, freudig Schwimmen, schwimmen, schwimmen! Schlottern, schlottern, schlottern!
  Sie lächeln den Einheimischen zu und vertiefen sich dann stumm in ihre Bücher.
Karl Ja, ja. Unsereins hat ja doch nichts zu sagen.
  Pause.
Susi zu den Vietnamesen Wie geht denn eigentlich euer Märchen?
Erster Vietnamese erhebt sich, verbeugt sich Wie bitte?
Susi Das Märchen.
Fritz versucht mit Gesten zu verdeutlichen Märchen. Ihr erzählen Märchen vorher. Märchen in Buch.
  Die drei Vietnamesen beraten sich leise miteinander.
Erster Vietnamese Das Wort heißt – Märchen?
Fritz Ja! Märchen.
  Die Vietnamesen suchen das Wort in ihrem Wörterbuch.
Zweiter Vietnamese Das Wort »Märchen« fehlt in unserem Wörterbuch.
Susi Eure Geschichte.
Dritter Vietnamese Ah! Unsere – Geschichte.
  Sie blättern wieder im Wörterbuch.

Erster Vietnamese freudig   Ja! Ich verstehe. Das Wort »Geschichte« heißt – cwien! Wir erzählen gerne unsere Geschichte.

Susi: Bitte!

>Die Vietnamesen beraten sich leise miteinander. Daraufhin spielen sie die folgende Geschichte mit verteilten Rollen als Pantomime.

Dritter Vietnamese   Ein Mann floh einmal vor seinen Feinden und verbarg sich in einem fernen Berg in einer tiefen Höhle.
Eines Nachts, der Wind war frisch, der Mond war klar, bemerkte der Mann plötzlich einen Geist, der unruhig unter einem Weidenbaum umherging; in großer Angst streckte er sich der Länge nach aus und wagte nicht, sich zu bewegen. Als der Geist das bemerkte, kam er heran und sagte:

Erster Vietnamese   Warum kommst du nicht her, damit wir uns unterhalten?

Dritter Vietnamese   Der Mann zitterte und zitterte – hält inne, lacht: schlottern! Antwortete aber:

Zweiter Vietnamese   Verzeihen Sie, edler Herr, ich habe solche Angst vor Ihnen.

Dritter Vietnamese   Der Geist sagte:

Erster Vietnamese   Wie kann man so dumm sein! Was ist da zu fürchten? Wenn man schon von etwas Fürchtenswertem spricht, so ist es vor allem das Geschlecht der Menschen. Dieses muss man mehr fürchten als alles andere. Versuchen Sie doch nachzudenken: Wer hat Sie in ein derartiges Elend gebracht, die Menschen – oder ein Geist?

Dritter Vietnamese   Nachdem der Geist das gesagt hatte, lachte er auf und verschwand im Augenblick.

>Die Vietnamesen verbeugen sich mit erhobenen Händen. Susi applaudiert als Erste, dann Fritz, schließlich auch Karl.

Susi Das habt ihr aber schön gemacht! Wunderschön ist das gewesen!
Fritz Bravo! Potz Blitz! Das hätte ich euch gar nicht zugetraut.
Pause.
Die Vietnamesen begeben sich wieder an ihren Tisch.
Karl Ja schon. Theater machen, das können sie. Aber könnt ihr euch so einen etwa – als Polizisten vorstellen?
Susi Wie kommst du auf die Idee?
Karl Einfach so.
Pause.
Susi Wir müssten auch mal unbedingt ins neue Ostbad. Jetzt, solange es warm ist. Oh, wie lieg ich gern in der Sonne und mach die Augen zu und hör das Geräusch von Wasser wie von ganz weit weg, und die Sonne spüre ich durch die geschlossenen Augen hindurch. Wie habe ich das gern.
Und dann schwimmen …
Hält plötzlich inne, erschrocken.
Ah. Wie ist das grauenhaft gewesen. Die Bilder mit den Booten mit den vielen Menschen aus Vietnam. Manchmal kommen sie mir noch im Schlaf vor, diese Bilder, und sie gehen mir nicht aus dem Kopf …
Karl Jetzt hör endlich auf davon. Ist überhaupt auch schon gemütlicher gewesen hier im »Kreuz«, als seit die hier sind. Und mit Flippern ist auch nichts mehr.
Pause.
Hast du dir jetzt eigentlich den Bikini gekauft, den sie im Fenster hatten?
Fritz Da bin ich gespannt.
Susi Ach. Seid ihr blöd. Flippert doch, flippert, so viel ihr wollt. Macht zweitausend, macht dreitausend, macht über viertausend, und seid stolz drauf, aber lasst mich zufrieden.

Sie geht hinüber an den Tisch der Vietnamesen und sieht ihnen beim Deutschlernen zu.

Wie die fleißig sind.

Sie geht zur Musikbox und lehnt sich da an.

Karl Fleißig sind sie. Höflich sind sie. Was alles sind sie wohl noch. Halblaut: Saucheiben seid ihr und eingebildet dazu. Noch schlimmer als die Italiener seid ihr, versteht ihr, noch schlimmer als die Tschinggen. Aber man darf es ja nicht laut sagen. Aber wahr ist es trotzdem. Wieder laut, zu Susi: Auf die Italiener bist du ja auch schon scharf gewesen. Die seien so galant, hast du gesagt, »so galant«.

Susi Bist ja nur eifersüchtig.

Karl Was? Ich und eifersüchtig. Da kann ich nur lachen. Das ist ja nicht dein Ernst. Ich und eifersüchtig – etwa auf den mit den hohen Absätzen, diesen Gigolo, diesen blöden, diesen hergelaufenen Tschingg, ich und eifersüchtig auf den?

Susi Der Dino, der ist kein Gigolo. Traurig: War kein Gigolo. Jetzt ist er weg. Dass die ihm die Arbeitserlaubnis nicht verlängert haben.

Karl Zum Glück ist er weg. Ein Gigolo gehört nach Italien und nicht in die Schweiz.

Susi leise   Der Dino war lieb. Mit seinen lustigen schwarzen Haaren.

Sie wischt sich eine Träne aus dem Auge.

Fritz Der Dino ist schon in Ordnung gewesen.

Er legt ihr den Arm um die Schulter.

Karl Und du, Fritz. Du mischst dich da gefälligst nicht ein. Sonst könnte es dann noch krachen.

Fritz nimmt den Arm von Susi weg.

Fritz Schon recht. Wir leben immer noch in der freien Schweiz.

Karl zu Susi   Und dir – dir brauch ich ja nicht mehr Manieren beizubringen – he? Aber wenn du nicht kapierst, ich kann auch andere Saiten aufziehen.

Susi Das weiß ich.

Der zweite Vietnamese kommt an die Musikbox, lässt ein Geldstück hinunter. Fernöstliche Musik erklingt, zuerst laut, dann aber, da die Serviertochter die Lautstärke wieder zurückstellt, leise. Der Vietnamese verbeugt sich, lächelt.

Karl *zur Serviertochter* He, du dort. Muss das wirklich sein, dass wir auch noch ihre Katzenmusik hören müssen?

Serviertochter *zuckt die Achseln* Sie haben die gleichen Batzen wie ihr.

Susi Es klingt so – so nach einer unheimlichen Sehnsucht.

Der erste und der dritte Vietnamese beraten sich, begeben sich dann zu Susi, bieten ihr – unter geheimnisvollem Getuschel – eine Zigarette an. Dann bieten sie Karl und Fritz ebenfalls von ihren Zigaretten an. Alle rauchen.

Der Rauch hat bengalische Farben.

Susi Hab ich nicht recht damit, dass sie höflich sind?

Schweigendes Rauchen.

Karl *zum ersten Vietnamesen* He, du da. Was heißt die Schweiz auf Vietnamesisch?

Erster Vietnamese Die Schweiz ist schön.

Karl Ja. Und am 1. August, da werdet ihr dann erst Augen machen. Weil seit dem 1. August ist die Schweiz frei. Und das feiern wir. Mit Lampions.

Fritz Mit bengalischen Zündhölzern! Mit Höhenfeuern!

Karl Mit Schweizer Krachern!

Fritz Tägg, tägg!

Karl und **Fritz** Tägg! Tägg, tägg! Tägg! Tägg, tägg!

Die drei Vietnamesen *weichen ängstlich zurück* Dirng bam! Nicht schießen!

Karl Nein. Wir nicht schießen auf euch. Wir sein Schweizer.
Fritz Wir sind doch keine Cowboys und ihr seid doch nicht im Wilden Westen.
Susi Jetzt habt ihr ihnen Angst gemacht.
Karl Aber das ist doch nur ein Witz gewesen. Angst vor Schweizer Krachern. Er schüttelt den Kopf. Angst vor Schweizer Krachern. Oder habt ihr etwa Angst vor dem 1. August?
Fritz zu Karl   Du. Vielleicht verstehen sie das. Wart.
Er tut, als steige er auf ein Motorrad.
Suzuki!
Die Vietnamesen reagieren nicht.
Suzuki! Honda! Yamaha! Kawasaki!
Keine Reaktion.
Töff-töff!
Karl Du musst nur den Helm anziehen. Dann verstehen sie schon.
Fritz zieht seinen weißen Helm an.
Die drei Vietnamesen weichen ängstlich zurück   Polizei! Polizei! Dirng bam! Dirng bam!
Fritz Blödsinn, Polizei. Töff-töff!
Er tut wieder, als steige er auf ein Motorrad.
So. Töff-töff!
Die drei Vietnamesen plötzlich freudig   Ja! Töff-töff! Töff-töff!
Schweigendes Rauchen.
Susi Ein Gefühl von einer unheimlichen Sehnsucht, wie von ganz weit weg. Richtig komisch ist das.
Fritz Also eure Zigaretten da, die schmecken.
Karl zu den Vietnamesen   Unter uns. Ganz unter uns. Seid ihr eigentlich Kommunisten? Ihr müsst wissen, mir ist das ja gleich. Aber dass euer Vietnam kommunistisch sei, heißt es manchmal bei uns. Nimmt mich einfach wunder.

Die drei Vietnamesen Wir sind für die Freiheit. Wir sind für die Freiheit des vietnamesischen Volkes. Wir sind für die Freiheit des schweizerischen Volkes.

Susi So wie ganz weit weg. Und alles ganz nah.

Die drei Vietnamesen Die Schweiz ist ein freies Land! Die Schweiz ist schön!

Karl Ist ja gut. Hab's nicht so gemeint vorher.

Schweigendes Rauchen.

Der erste Vietnamese geht zu Fritz und flüstert ihm etwas ins Ohr.

Fritz Du, Karl, Susi! Zeigt auf seine Zigarette. Das ist ja Stoff, Schnee, Opium!

Susi Alles so ganz nah und ganz weit weg.

Karl Was – was sagst du da?

Fritz Er, der da, er hat's mir gesagt. Stoff, Schnee, Opium, Karl!

Schweigendes Rauchen.

Karl nimmt einen tiefen Zug.

Karl lacht Opium – fürs – Volk, Fritz!

Vorhang.

3. Akt
DIE VERTUSCHUNG

Die Wirtschaft »Zum Kreuz« scheint endgültig heruntergekommen zu sein. Das zeigen die zerrissenen Poster, die teils abgeblätterten Tapeten, auch Gewaltspuren am Mobiliar und allerlei Wandmalereien.
Vorn in der Mitte ist jetzt die Eingangstür zu sehen. Jedes Mal, wenn sie geöffnet wird, gibt sie ein Klingelzeichen von sich.
Über der Eingangstür hängt ein Schweizerwappen aus Blech, angerostet. Es ist Herbst. Von draußen ist bisweilen das Aufheulen von Sturmwind zu hören. Das Wirtshausschild schwankt dann leicht.
Wenn der Vorhang sich öffnet, kommen zuerst die zwei Polizisten ins Blickfeld. Sie stehen vor der Eingangstür und tragen Helm. Dort bleiben sie den ganzen Akt über.
Der Saal des »Kreuz« ist nur schwach beleuchtet. Noch sind keine Gäste da. Die Serviertochter ist dabei, die Stühle von den Tischen herunterzustellen. Sie trällert »Love me tender« vor sich hin.
Ein Polizist öffnet die Tür und sieht prüfend in den Saal.

Erster Polizist Noch niemand da. Das ist nur die Serviertochter.
    Als die Serviertochter das bemerkt, hört sie auf zu trällern und geht resolut an die Tür.
Serviertochter Was hat denn das zu bedeuten? Könnt ihr mir das sagen?
Erster Polizist Nur eine Vorsichtsmaßnahme.
Zweiter Polizist Hat der Stadtammann angeordnet.
Serviertochter So. Der Stadtammann. Dann macht wenigstens die Türe zu da, das gibt ja sonst eine schaurige Zugluft bei dem Wetter, und ich hab in der Küche noch das Fenster offen. Stutzt plötzlich: Was hat da der Stadtammann angeordnet, dass ihr hier seid?

Erster Polizist Wegen der Pressekonferenz.
Serviertochter Ja – und?
Zweiter Polizist Ja und. Jetzt sollen wir eben da Wache stehen.
Serviertochter Warum?
Erster Polizist Genau wissen wir es auch nicht so recht.
  Pause.
Zweiter Polizist Es könnte zu Zusammenstößen kommen, hat es auf dem Posten geheißen.
Erster Polizist Wegen Opium, heißt es. Die Reporter …
Serviertochter Und da glaubt ihr, das schadet dem »Kreuz« nicht, wenn ihr beide da direkt vor der Eingangstüre steht?
Zweiter Polizist Schon recht.
Erster Polizist Wir machen ja gar nichts.
Serviertochter Aber dem »Kreuz« schaden, das tut ihr.
Erster Polizist Dafür können wir nichts. Entschuldigung, Fräulein.
Zweiter Polizist Das ist doch nur wegen dieser Pressekonferenz wegen diesen Vietnamesen wegen deren ihrem Opium und wegen sonst nichts. Und nachher gehen wir. Bombensicher.
Erster Polizist Bombensicher, Fräulein.
Serviertochter Und wieso genau ist eigentlich diese Pressekonferenz wegen den Vietnamesen?
  Pause.
Erster Polizist Dafür ist dann eben die Pressekonferenz.
  Pause.
  Man hört ein Krachen und anschließend Stimmengewirr.
Zweiter Polizist Achtung! Sie kommen!
Serviertochter Wer kommt?
Erster Polizist Still.
  Alle lauschen. Das Stimmengewirr löst sich auf.

Erster Polizist Fehlalarm. Nur ein Zusammenstoß da vorn an der Kreuzung. Blechschaden.
Serviertochter Und die Türe, die kann ich jetzt zumachen?
Zweiter Polizist Bis auf Weiteres – ja.
  Sie schließt die Tür und stellt weiter die Stühle von den Tischen.
Erster Polizist Ist das eigentlich sicher mit dem Opium von diesen Vietnamesen, dass die im Village mit Opium handeln?
Zweiter Polizist Es steht in der Zeitung. Aber mehr weiß ich auch nicht.
Erster Polizist Das kann ja heiter werden. Wenn es stimmt.
Zweiter Polizist Ja. Wenn es stimmt. Aber das kommt ja jetzt raus, ob es überhaupt stimmt.
  Die Polizisten halten schweigend Wache.
  Dann erscheint entlang der Rampe mit einem langsamen und schleppenden Gang der Stadtammann. Er sieht alt aus, verfallen.
Die beiden Polizisten salutieren Herr Stadtammann!
Stadtammann winkt müde ab Schon recht. Ist bis jetzt noch nichts passiert?
Erster Polizist Nein, Herr Stadtammann, kein Vorfall.
  Der Stadtammann begibt sich ins »Kreuz«. Die Serviertochter hält mit ihrer Arbeit inne.
Serviertochter Was, der Herr Stadtammann persönlich! Aber so früh hätte ich Sie gar nicht erwartet. Diese Pressekonferenz ist doch noch gar nicht jetzt.
Stadtammann Es hat Änderungen gegeben.
  Pause.
  Er zieht den Mantel aus, die Serviertochter ist ihm dabei behilflich.
  Aber er hängt ihn selbst an den Garderobenständer.
  Kalt.

Serviertochter   Ich hab die Heizung erst grad angestellt.
>   Der Stadtammann holt sich den Mantel wieder und zieht ihn an.

Serviertochter   Vielleicht ein Kaffee? Das würde Sie sicher aufwärmen.

Stadtammann   Danke. Ich warte, bis die andern da sind vom – Festkomitee.
>   Er setzt sich an einen Tisch, auf dem noch Stühle stehen.

Serviertochter   Es ist ein kurzer Sommer gewesen heuer.
>   Pause.
>   Der Stadtammann sitzt in sich versunken.

Stadtammann   Ja.

Serviertochter   Das ist ja das erste Mal, dass Sie wieder mal im »Kreuz« sind, Herr Stadtammann. Seit selbem Vietnamfest im Frühling.
>   Pause.
>   Da sieht man, wie die Zeit vergeht.
>   Sie macht sich wieder an ihre Arbeit.

Stadtammann murmelt zu sich   Diese Vietnamesen. Die bringen mich noch unter den Boden bringen die mich.

Serviertochter   Haben Sie etwas gesagt, Herr Stadtammann?

Stadtammann   Nein. Nichts.

Serviertochter   Gut sehen Sie ja nicht aus. Fehlt Ihnen etwas?

Stadtammann   Nein. Nichts. Wieso?
>   Pause.

Serviertochter   Soll ich dann den Tisch und die Stühle so aufstellen wie – beim Fest?

Stadtammann abwesend   Ja.
>   Die Serviertochter rückt Tisch und Stühle genau so, wie sie im ersten Akt fürs Festkomitee gestanden hatten.
>   Währenddem murmelt der Stadtammann zu sich: **Diese**

Vietnamesen, herrschaftnochmal. Wenn ich das vorausgesehen hätte. Die bringen mich noch unter den Boden. Mit ihrem Opium. Ja. Mit ihrem Opium. Herrschaftnochmal. Diese Vietnamesen.

Serviertochter Jetzt ist es fertig. So wie im Frühling am Vietnamfest. Da ist der Tisch vom Festkomitee gestanden. Genau da. Ich weiß das, weil hier oben an der Decke das Spruchband befestigt gewesen ist: »Die Schweiz begrüßt Vietnam«. Ist es recht so, Herr Stadtammann?

Stadtammann abwesend Was ist recht?

Serviertochter Der Tisch hier. Fürs Festkomitee. Für die Pressekonferenz.

Stadtammann Aha. Ja. Das ist recht so. Und vorher übrigens, Fräulein, damit ich das nicht vergesse, vorher haben wir noch eine Geheimsitzung wegen Vietnam. Nur wir vom Komitee. Eine Geheimsitzung. Sie verstehen das. Oder habe ich Ihnen das schon gesagt? Und dass uns da niemand stört. Niemand. Auch nicht – die beiden da draußen. Haben Sie verstanden?

Serviertochter, verwirrt Geheimsitzung. Jawohl, Herr Stadtammann.
Sie stellt die restlichen Stühle von den Tischen.
Man hört den Sturmwind aufheulen.

Ist Herbst geworden.
Pause.

Stadtammann Ja.
Pause.
Er sieht auf die Uhr.
Die Dame vom Roten Kreuz erscheint jetzt der Rampe entlang von links. Als sie die beiden Polizisten sieht, erschrickt sie.

Dame vom Roten Kreuz zu den Polizisten Der Herr Stadtammann – das Festkomitee – für das Rote Kreuz …

Erster Polizist Wir wissen Bescheid. Gehen Sie nur durch.

Sie geht hinein und direkt an ihren Platz am Tisch des Komitees.

Stadtammann Entschuldigung, dass ich Sie gestern aus dem Schlaf gerissen habe. Aber es ist nicht anders gegangen.

Dame vom Roten Kreuz Ja. Ich konnte gar nicht mehr einschlafen nachher.

Pause.

Von rechts erscheint der Manager der Interswiss zusammen mit dem Geschichtslehrer.

Manager Sind Sie eigentlich schon länger an unserem Gymnasium tätig?

Geschichtslehrer Ja.

Manager Aber Sie sind bestimmt von auswärts?

Geschichtslehrer Ich bin hier geboren.

Manager Wie man sich doch täuschen kann. Er lacht. Sie mit Ihren Ideen und sind von hier. Komisch.

Pause.

Die Polizisten lassen sie ohne Weiteres durch. Die Komiteemitglieder begrüßen sich nur mit einem Nicken. Alle sitzen jetzt an ihrem Platz.

Stadtammann räuspert sich So. Wir müssen anfangen. Die Sachlage ist die folgende. In der Öffentlichkeit sind Vorwürfe laut geworden, die Vietnamesen im Interswiss-Village würden Handel mit Opium betreiben. Um diesen Vorwürfen wirksam entgegenzutreten, ist die heutige Pressekonferenz angesagt. Und wegen dieser Pressekonferenz jetzt vorher diese Geheimsitzung.

Dame vom Roten Kreuz Also es ist wirklich wahr, das mit dem Opium?

Geschichtslehrer Ja. Aber jetzt soll es plötzlich nicht wahr sein. Deshalb …

Serviertochter Was wünschen die Herrschaften?

Stadtammann Ein Café crème.

Geschichtslehrer Mir ein Cola.

Manager Bringen Sie mir einen Campari Soda.

Serviertochter zur Dame vom Roten Kreuz Und Sie?

Dame vom Roten Kreuz Könnte ich einen Tee haben?

Serviertochter Einen Schwarztee?

Dame vom Roten Kreuz, abwesend Ja, einen Schwarztee.

> Die Serviertochter geht zum Buffet und macht das Licht im ganzen Saal an.

Stadtammann erschrocken Um Himmels willen, löschen Sie sofort das Licht wieder aus!

> Sie macht das Licht, außer der einen Lampe, wieder aus, zuckt mit den Achseln.

Serviertochter Ich hab's nur ein bisschen dunkel gefunden.

Geschichtslehrer Und deshalb ist alles so geheim, weil das mit dem Opium vertuscht werden soll, weil die Vietnamesen für die Interswiss auch weiterhin Reklame machen sollen und das Opium nur schadet …

Manager Ich muss Sie schon sehr bitten …

Geschichtslehrer Und damit auch weiterhin die Vietnamesen Symbole sein können für die Freiheit und so weiter, deswegen darf nicht wahr sein, was wahr ist. Und es ist dummerweise wahr mit dem Opium …

Dame vom Roten Kreuz Also jetzt will ich wissen, was eigentlich los ist.

Manager Herr Stadtammann, wie können Sie es zulassen, dass ein hergelaufener Kommunist …

Geschichtslehrer Ich bin kein hergelaufener Kommunist. Oder ist es denn nicht wahr mit dem Opium im Interswiss-Village?

Manager ändert seine Taktik Heutzutage gibt's doch im hintersten

Schweizerkaff Leute, die nehmen Stoff. Das ist ja gar nicht mehr zu kontrollieren.

Geschichtslehrer Und wieso wohl nehmen die Vietnamesen plötzlich Opium im Interswiss-Village, wieso? Weil sie es anscheinend nicht aushalten sonst in der freien Schweiz, und in der Interswiss noch viel weniger. Und wieso wohl geben sie den Einheimischen Opium, wieso? Weil es sonst nicht geht, das Leben mit den Einheimischen. Deshalb. Deshalb.

Manager Ich verwahre mich gegen unhaltbare Gerüchte. Die sind von gewisser Seite, von ganz gewisser Seite ausgestreut worden. Und als Patronin des Village kann es die Interswiss ganz einfach nicht in Kauf nehmen, dass ihr Ruf derart in Misskredit gezogen wird. Gerade in einer Zeit nicht, da die wirtschaftliche Lage sich wieder zuspitzt. Übrigens kann und will ich in dem Zusammenhang nicht verschweigen, leider, leider lassen sich die Vietnamesen nur sehr bedingt in ein Teamwork einspannen, wirklich nur sehr bedingt …

Dame vom Roten Kreuz Aber das kennen sie doch gar nicht in Vietnam, wo sie herkommen. Teamwork! Sie leben doch in ihren Familien, ihren großen Familien, und nicht im Teamwork, im Teamwork vom Fließband!
Pause.

Manager sehr ernst Kommen wir zur Sache. Ich verlange von Seiten der Regierung ein klares Dementi in Sachen Opium. Im andern Fall sehen wir uns gezwungen, Arbeitsplätze stillzulegen, mit allen Konsequenzen. Mit allen Konsequenzen, muss ich sagen, und die ersten Opfer würden gerade die Vietnamesen sein, unweigerlich.
Pause.

Geschichtslehrer Das ist Erpressung.
Pause.

Manager Nennen Sie es, wie immer Sie wollen, Herr Professor.
Pause.

Geschichtslehrer fast wie nur zu sich selbst gesprochen Man müsste alles ganz anders lösen. Man müsste das mit dem Opium sozialpsychologisch angehen. Irgendwie sozialpsychologisch. Nachbarn sollten sie sein, nicht Fremde. Man müsste …

Noch unverständliches Stimmengewirr ist hörbar geworden. Es sind Sprachchöre einer Demonstration, die sich dem »Kreuz« nähert.

Zweiter Polizist Achtung! Sie kommen!

Stadtammann Das sind sie. Aber keine Angst. Wir sind bis jetzt in der Schweiz noch mit allen Demonstranten fertig geworden.

Geschichtslehrer Das kann man sagen.

Stadtammann Wir haben da eben vom Ausland lernen können, glücklicherweise.

Geschichtslehrer Ja. Und wenn etwas wahr ist, aber unangenehm, dann ist es noch immer kommunistisch gewesen in der freien Schweiz, kommunistisch seit Jahrzehnten. Solange ich mich besinnen kann. Vor zehn Jahren. Vor fünfzehn Jahren. Und auch schon vor zwanzig Jahren. Da bin ich fünfzehn gewesen – und heute …

Die Szene wird chaotisch. Von beiden Seiten der Bühne und auch von vorn über die Rampe hinweg kommen in drei Gruppen die Demonstranten.

Die beiden Polizisten lassen ihre Gummiknüppel baumeln.

Die Spruchbänder werden entrollt, die Sprechchöre sind jetzt zu verstehen.

Blitzlichter von Fotografen.

Demonstranten in abwechselnden Sprechchören
D INTERSWISS MACHT REKLAAME
MIT OPIUM UND VIETNAAME

VIETNAM I DR SCHWYZ
ISCH OPIUM FÜRS VOLCH

PROFIT UND TAMTAM
MIT INTERSWISS UND VIETNAM

Die Polizisten verwehren den Demonstranten den Eingang ins »Kreuz«. Während der nicht hörbaren Unterhandlung legt der Geschichtslehrer die Beine auf den Tisch. Niemand vom Komitee scheint es zu beachten. Alle sehen auf die Demonstranten. Die Sprechchöre werden schwächer …

Geschichtslehrer Und wenn etwas wahr ist und unangenehm, dann ist es noch immer kommunistisch gewesen in der freien Schweiz. Pause. Kommunistisch – oder: Man muss vernünftig reden miteinander. So einfach ist das. Dabei hat man den richtigen Kommunismus viel lieber als die unangenehme Wahrheit. Viel lieber. Schon wegen dem Außenhandel.

Die Demonstration löst sich auf, als hätte jemand einen geheimen Wink gegeben. Flüsterparolen scheinen von Mund zu Mund zu gehen. Alles vollzieht sich sehr leise.

Ach ja. Vor zwanzig Jahren bin ich fünfzehn gewesen. So einfach ist das. Fräulein! Ein Bier.

Dame vom Roten Kreuz liest für sich langsam und halblaut den Text auf dem Spruchband, das gerade zusammengerollt wird »Vietnam in der Schweiz ist Opium fürs Volk.« Sie schüttelt den Kopf. Also ich versteh das nicht.

Stadtammann Das ist doch alles der gleiche Kabis. Kommunistischer Blödsinn ist das durchs Band weg. Aber dagegen ist die Schweiz immun.

Die Serviertochter bringt das Bier.

Geschichtslehrer sehr laut Prost! Auf die Demonstration!

Stadtammann So. Das langt dann wohl, denk ich, Herr Professor. Schließlich ist die Sonderaktion Vietnamflüchtlinge 79 auch ein symbolischer Akt der Wiedergutmachung gewesen. Das müsste eigentlich auch Sie zur Besinnung bringen.
   Die Demonstranten sind alle abgezogen. Sie sind kaum noch zu hören.
Geschichtslehrer Die Vietnamesen als Wiedergutmachung für die Juden damals, Herr Stadtammann, die man zurückgeschickt hat an der Grenze damals? Dafür also sollen sie hier sein? Und dafür, dass auch in der heilen Schweiz Konzentrationslager vorgesehen gewesen wären, für den Fall, dass …
Manager Was haben Sie nur mit diesen alten Geschichten? Sie reden ja, als hätten Sie und ich diese schwierige Zeit noch selbst erlebt. Sie sehen Zusammenhänge, wo einfach keine sind. Das ist doch alles vergangen und vergessen.
Geschichtslehrer Nein, Herr Manager. Jetzt sind Sie nicht auf der Höhe der Zeit. Das sind heutige Geschichten, wenn man Vietnamesen braucht als Alibi für die Vergangenheit. Der symbolische Akt der Wiedergutmachung: Der ist Gegenwart, Herr Manager. Gegenwart wie das Opium. Opium zum Vergessen der Vergangenheit.
Manager Ihre Vergangenheit – die können Sie ja doch nicht beweisen.
Geschichtslehrer Die geplanten Konzentrationslager damals in der Schweiz. Nein, die kann man nicht beweisen. Leider. Aber was die Firma Interswiss früher und unter anderem Namen gemacht hat …
Manager Das sagen Sie jetzt besser nicht …
Geschichtslehrer Das lässt sich aber beweisen. Das steht nämlich noch heute im Handelsregister. Komischerweise. Waffenfabrikation angeblich für nach China. Geliefert dann nach

Hitlerdeutschland. Die Interswiss hat's nach dem Krieg nur genau umgekehrt gemacht. Waffen für die NATO und geliefert nach Vietnam. Im Prinzip das Gleiche. Finden Sie nicht auch? Prost.
Pause.

Dame vom Roten Kreuz Ist das wirklich wahr?

Manager Das wird noch ein gerichtliches Nachspiel haben.

Stadtammann Haben Sie denn keinen Funken von Verantwortungsgefühl? Gerade Sie als Pädagoge. Denken Sie doch wenigstens an die Arbeitsplätze.
Pause.
Ich habe letzthin mit dem Erziehungsdirektor gesprochen.

Geschichtslehrer Von mir aus können Sie reden, mit wem Sie wollen.

Stadtammann Wegen Ihrer Stelle am Gymnasium. Die Verlängerung wird wieder fällig.
Pause.

Geschichtslehrer In der Schweiz gibt es keinen Radikalenerlass. Wenn Sie das meinen.

Stadtammann Den brauchen wir auch gar nicht. Der funktioniert bei uns auch sonst. Und Sie werden mit Ihren Ideen für den Staat als Lehrer einfach untragbar.
Er sieht auf die Uhr.
Aber jetzt – jetzt sollte jeden Moment das Telefon kommen.
Er steht auf und geht nervös auf und ab.
Es geht nämlich jetzt einzig und allein darum, ob die Vietnamesen – ob da überhaupt ein Problem existiert oder nicht.
Er sieht auf die Uhr.
Das Telefon nämlich vom Bundesrat sollte jeden Moment kommen.
Schweigendes Warten.
Ob das Opium ein Problem ist oder nicht.

Schweigendes Warten.

Das Telefon schellt. Die Serviertochter nimmt ab.

Serviertochter   Wirtschaft »Zum Kreuz«.

Pause.

Ja. Sofort.

Sie geht aufgeregt zum Stadtammann.

Herr Stadtammann. Für Sie. Der Bundesrat.

Er geht an den Apparat.

Stadtammann   Ja.

Pause.

Ja.

Pause.

Jawohl.

Pause.

Ja.

Er legt auf, kehrt todernst an den Tisch zurück.

Der Bundesrat ist der Meinung, nachdem die Sonderaktion Vietnamflüchtlinge 79 im In- und Ausland seinerzeit auf ein derart positives Echo gestoßen sei, ist der Bundesrat der Meinung, man könne nicht leichtfertig alles aufs Spiel setzen. Die Arbeitsplätze gelte es zu erwägen, aber auch das Bemühen, dass die Vietnamesen nicht als Fremde, sondern als unsere Nachbarn zu uns gekommen sind, ist die Ansicht des Bundesrates, also was mir der Bundesrat am Telefon gesagt hat.

Pause.

Dame vom Roten Kreuz   Ist der Bundesrat persönlich am Telefon gewesen?

Stadtammann   Ja, einfach der Bundesrat. Die Vietnamesen seien ja auch schlussendlich Opfer eines kommunistischen Regimes, hat er gesagt, und da sei auch zu bedenken, wie man in einem freien

Land wie der Schweiz – wie man da eine Marschroute dann auch einhalten müsste, dass ein Leben in der Freiheit einfach anders sei, auch wegen dem Ausland …

Dame vom Roten Kreuz Welcher von den Herren Bundesräten ist denn am Telefon gewesen?

Stadtammann Ja, Bundesrat ist einfach Bundesrat. Punktum und basta. Unsere Marschroute ist also klar. Es gibt kein Opium an der Pressekonferenz. Die Interswiss sorgt für eine diskrete Lösung in Sachen Sonderaktion Vietnamflüchtlinge 79. Und ich trage dafür die Verantwortung, dass nichts vor die Türe getragen wird. Haben wir uns verstanden?

Geschichtslehrer Die glatte Erpressung. Mit den Vietnamesen als Geiseln.

Stadtammann Haben wir uns verstanden?

Pause.

Dame vom Roten Kreuz Ich denke nur an die Vietnamesen. Wenn es so ist, dass man nichts vor die Türe trägt, verstehe ich das richtig so? Damit das mit dem Opium auch richtig gelöst wird – ist das so?

Stadtammann So, wie der Bundesrat es gesagt hat, jawohl.

Dame vom Roten Kreuz Und darum tragen wir nichts davon vor die Türe, damit wir den Flüchtlingen aus Vietnam besser helfen können?

Manager Die Interswiss unterstützt das voll und ganz. Sie garantiert die Arbeitsplätze in einer zugespitzten Wirtschaftssituation – auch für unsere Vietnamesen.

Geschichtslehrer Die buchen Sie ja sowieso als Werbungskosten von der Steuer ab.

Manager Das ist eine Unverschämtheit. Ich muss doch festhalten: Das Village ist ein Verdienst einzig und allein der Interswiss.

Dame vom Roten Kreuz Nicht nur, Herr Manager. Auch ein Verdienst von den Schulkindern, nicht nur von Ihnen. Sie haben gestrickt für die Kinder aus Vietnam, Decken zusammengenäht, gehäkelt …

Stadtammann Gleich findet die Pressekonferenz statt. Wir haben uns also verstanden.

Pause.

Geschichtslehrer Eine Erpressung ist es und nichts anderes. Ich mache nur mit, weil ich befürchten muss, es geht den Vietnamesen sonst noch schlimmer, als es ihnen jetzt schon geht. Ich mache eine therapeutische Behandlung der Drogensüchtigen zur Bedingung, ausdrücklich zur Bedingung.

Manager ungehalten Was wollen Sie mehr? Ohne Opium hat es dauernd die Schlägereien gegeben zwischen den Fremden und den Einheimischen. Mit dem Opium sind sie ruhig. Allen ist geholfen.

Geschichtslehrer schreit Ich bestehe auf meiner Bedingung!

Inzwischen ist der Stadtammann zur Tür gegangen. Die Reporter und einige Demonstranten haben sich da schon versammelt und warten auf die Eröffnung der Pressekonferenz.

Stadtammann zu den Polizisten Sie können die Leute jetzt hereinlassen. Die Pressekonferenz kann anfangen.

Er sieht auf die Uhr.

Die Leute begeben sich in den Saal.

Serviertochter Herr Stadtammann, dann darf ich jetzt hell machen?

Stadtammann Was? – Aha. Ja, natürlich.

Die Serviertochter macht das Licht im ganzen Saal an.

Serviertochter beleidigt Fragen ist, denk, nicht verboten.

Stadtammann setzt sich in Positur Hiermit eröffne ich die Pressekonferenz. Ich begrüße dazu die Damen und Herren von der Presse, aber auch all die anderen Herrschaften, die hier im »Kreuz« erschienen sind.

Blitzlicht von den Fotografen.

Ich sehe mich gezwungen, dem ein paar einleitende Worte vorauszuschicken. Wie Sie alle wissen, ist es zu einer Hetz- und Verleumdungskampagne ohne Beispiel gekommen ...

Zaghafte Pfiffe, die aber schnell aufhören, nachdem die Reporter mit »Scht!« um Ruhe bitten.

Dabei sind Vorwürfe laut geworden, unhaltbare Vorwürfe, im Interswiss-Village sei es unter unseren Vietnamflüchtlingen zu Opiumhandel gekommen. Ich muss mich dagegen in aller Form, auch im Namen des Bundesrates, energisch zur Wehr setzen. Opfer dieser Kampagne sind ja nicht zuletzt die Vietnamesen. Sie sind aus einem kommunistischen Land geflohen und dürfen nun in Freiheit bei uns leben. Aber, meine Damen und Herren, Sie werden sich von der Haltlosigkeit dieser Gerüchte sehr bald selber ein Bild machen. Ich bitte jetzt um Ihre Fragen.

Schweigen.

Der Manager erhebt mit gespielter Schüchternheit den Arm.

Ah. Der Manager für – Public Relations an der Interswiss möchte noch etwas beifügen. Bitte.

Manager Ja, ich kann mich eigentlich nur den Worten unseres Stadtammanns anschließen und damit auch der Meinung des Bundesrats und vielleicht nur zweierlei hinzufügen. Punkt eins. Es geht auch und nicht zuletzt um die Sicherung der Arbeitsplätze in einer wirtschaftlich und politisch zugespitzten Situation. Auch die Interswiss ist dabei auf das Wohlwollen der Öffentlichkeit angewiesen. Und Punkt zwei. Die Gerüchte um das angebliche Opium bei den Vietnamesen – diese Gerüchte tragen ihre ganz bestimmte Handschrift, meine

Damen und Herren, eine Handschrift, die verrät, dass sie von einer ganz bestimmten Seite ausgestreut worden sind – ich brauche da nicht präziser zu werden.

Pause.

Stadtammann Ich bitte um Ihre Fragen.

Langes Schweigen.

Bitte. Wir haben nichts zu vertuschen.

Reporter 1 Darf man also damit rechnen, dass die Zahl der Arbeitsplätze in der Firma Interswiss erhalten bleibt?

Stadtammann Herr Manager.

Manager Dazu ein volles und ganzes Ja. Mit dem Nachsatz, dass solche gehaltlosen Gerüchte ein für alle Mal gestoppt werden.

Stadtammann Fragen?

Reporter 2 Wie steht es um die Arbeitsplätze der Vietnamesen?

Manager Auch unsere Nachbarn aus Vietnam brauchen bei uns nichts zu befürchten.

Pause.

Reporter 3 Hat es irgendwelche Vorfälle mit Opium bei den Vietnamesen gegeben, vielleicht auch nur geringfügiger Art?

Stadtammann strahlend Nein und nochmals nein. Also ein klares und einfaches Dementi. Das hier bei uns, meine Damen und Herren, das sind anständige Vietnamesen, die können doch gar nichts mit Opium zu tun haben, wenn sie um der Freiheit willen aus einem kommunistischen Land geflohen sind unter Lebensgefahr. Aber ich frage als Zeugen am besten drei vietnamesische Nachbarn, die hier gerade unter uns sind.

Die drei Vietnamesen erheben sich hinten im Saal, verneigen sich mit erhobenen Händen.

Blitzlicht der Fotografen.

Stadtammann Wie gefällt es euch hier in der Freiheit?

Die drei Vietnamesen Die Schweiz ist schön.
Stadtammann Habt ihr Opium bei euch?
Die drei Vietnamesen schütteln die Hände Wir haben kein Opium bei uns.
Die Vietnamesen bleiben stehen.
Pause.
Dame vom Roten Kreuz Ich kann da vielleicht noch erzählen, wie uns die Vietnamesen schon zum Nachtessen eingeladen haben. Das ist halt ihre enorme Gastfreundschaft. Es hat Reis gegeben mit Bratwurst, nur alles ohne Salz, weil die Vietnamesen kein Salz essen, weil sie nämlich keines mehr gehabt hatten dort und es jetzt nicht mehr gewöhnt sind. Aber ganz fein gewürzt haben sie es gehabt. Und dann haben sie sich auch richtig Mühe gegeben, dass wir miteinander ins Gespräch gekommen sind während dem Essen. Und stellt euch nur vor, da kann ich in dem Zusammenhang noch etwas Lustiges berichten. Eine Frau aus Vietnam nämlich, die hat doch gerade ein Kindlein bekommen, und wie soll es heißen, das winzige kleine Vietnamesenmädchen? Heidi soll es heißen! Heidi, wie wenn es ein Schweizer Mädchen wäre. Aber die Leute aus Vietnam sind einfach so dankbar, dass wir ihnen geholfen haben in ihrem Elend. Auch über die alten Fernsehapparate, die wir vom Roten Kreuz aus in der Stadt gesammelt haben und die jetzt alle wieder funktionieren in ihren Pavillons von ihrem Village, auch über die haben sie sich riesig gefreut. Vor allem die Kinder. Ja – die Kinder, die leben sich überhaupt am leichtesten ein bei uns.
Pause.
Manchmal ist es natürlich auch gar nicht so leicht. Das Arbeiten am Fließband etwa …

Stadtammann Weitere Fragen?
>Pause.

Wenn das nicht der Fall zu sein scheint …

Geschichtslehrer geht zu den Vietnamesen Was ist schöner, die Schweiz oder Vietnam?

Manager Das ist ja wohl der Gipfel an Geschmacklosigkeit!
>Die Vietnamesen scheinen zunächst ratlos. Dann aber entschließen sie sich zur Antwort.

Erster Vietnamese Die Schweiz ist schön.

Zweiter Vietnamese Aber – Vietnam ist noch schöner.

Dritter Vietnamese Ja. Vietnam ist schöner als die Schweiz.

Erster Vietnamese Aber die Schweiz ist schön.
>Pause. Der Lehrer setzt sich wieder an den Tisch.

Dame vom Roten Kreuz Heimweh, das haben sie halt. Ein kolossales Heimweh. Heimweh nach ihrem Vietnam. Von daher kommt es. – Sie können nichts dafür.

Stadtammann Fragen?

Geschichtslehrer Ja. Trifft es zu, dass die Firma Interswiss inzwischen wieder mehr Aufträge erhält vom Eidgenössischen Militärdepartement?

Manager Das geht Sie nichts an – und gehört überhaupt nicht zur Sache.

Geschichtslehrer Wenn die Interswiss mit Vietnam Profit macht, dann gehört das sehr wohl zur Sache.

Stadtammann Wie kommen Sie nur immer auf Ihre Ideen, Herr Professor? Sie machen sich damit ja nur selbst verdächtig. Gerade in einer Zeit, in der es wieder mehr und mehr …

Geschichtslehrer Aber genau das gehört zur Sache, Herr Stadtammann. Ob man den Vietnamflüchtlingen helfen will oder Profit machen will mit ihnen. Und da frage ich Sie weiter: Warum steht die reiche Schweiz bei der Hilfe an die armen Länder derart erbärmlich am Schwanz? So erbärmlich am Schwanz mit Entwicklungshilfe, dass das Ausland schon richtig besorgt ist deswegen.

Stadtammann Das ist zweifellos eine ganz brennende Frage, die Sie da anschneiden. Aber sie geht – leider – über meinen Zuständigkeitsbereich hinaus. Jetzt geht es einzig und allein um das Opium im Interswiss-Village und um nichts anderes. Ich bin schlussundendlich Realpolitiker.

Geschichtslehrer Wenn ich da fragen darf. Was versteht der Stadtammann eigentlich unter Realpolitik?

Der Manager schüttelt den Kopf.

Stadtammann He allweg, dass man macht, was man machen kann, und nicht mit so verrückten Ideen kommt, das ist Realpolitik und ist es schon immer gewesen auf dem Schweizerboden, mein ich, dass wir hier auf dem Boden der Realität stehen und sonst auf nichts ...

Geschichtslehrer Danke, Herr Stadtammann, nur das habe ich wissen wollen.

Pause.

Stadtammann Wenn keine weiteren Fragen. Pause. Wegen dem Opium im Interswiss-Village.

Schweigen.

Also wenn keine weiteren Fragen sind wegen den Vietnamesen ...

Dame vom Roten Kreuz Das Gedicht! Jesses, jetzt hätt ich das fast noch vergessen.

Sie begibt sich nach hinten und führt ein Schulmädchen mitten auf die Bühne.

Stadtammann Dann erkläre ich die Pressekonferenz für geschlossen.

Alle erheben sich.

Dame vom Roten Kreuz Chind, so chumm, 's Gedicht! Seg 's uuf!
Alle stehen still und schauen auf das kleine Mädchen.
Kleines Mädchen
's Boot isch voll
's Boot isch voll
hät's äinisch ghäisse
und vili Lüt vo nööch
händ mir zruckgeschickt
a der Grenze
und öises Boot hetti na Platz gha
und jetz sind vili vili Boot
gsunke oder na immer am sinke
wyt von öis eweg
aber jetzt söled die Lüt nit undergaa
denn mer händ na Platz
in öisem Boot
Stille.

Jetzt wäis i nüm wyter …
Stille.
Jetz wäis i nümme wyter …
Stille.

Vorhang.

4. Akt
DIE LÖSUNG

Der Vorhang öffnet sich vorerst nur ein Stück weit und gibt lediglich die Eingangstür der Wirtschaft zum Kreuz frei mit dem blechernen Schweizerkreuz, das über ihr hängt, stark verrostet.
Es ist Winter.
Die beiden Polizisten stehen vor der Tür, im Helm, jetzt mit Maschinengewehr im Anschlag.
Der erste Polizist pfeift die Melodie des Marsches, der den 1. Akt eröffnet hatte. Er trifft dabei die Töne nicht immer ganz und hört plötzlich und abrupt auf.
Pause.
Die Polizisten kontrollieren ihr Gesichtsfeld, bewegen dabei entsprechend die Gewehre.

Zweiter Polizist Nichts.
  Pause.
Erster Polizist Nächsten Sonntag. Das Endspiel, im Eishockey.
Zweiter Polizist Mhm.
  Pause.
Zweiter Polizist Aber weißt. Ich mache nicht mehr mit im Toto. Unsereins hat ja doch keine Chance.
  Pause.
Erster Polizist Ich habe vor jetzt acht Jahren einen Elfer gehabt, das ist im Fußball gewesen. Viel hat's nicht gegeben, nicht einmal fünfzig Stütz. Aber aufgeben – aufgeben tu ich nicht. Und jetzt das Endspiel. Man kann nie wissen. Und sowieso. Ein Endspiel, das ist immer ein Endspiel, und das ist noch immer etwas gewesen.
  Pause.

Zweiter Polizist Ja, am Fernsehen – da bin ich natürlich auch dabei, am Fernsehen.
Erster Polizist Siehst du.
> Längere Pause. Die Maschinengewehre im Anschlag bewegen sich hin und her.

Erster Polizist leise Gestern soll wieder einer gestorben sein. Am Opium.
Zweiter Polizist So.
Erster Polizist Ja. Wer hätte das gedacht seinerzeit von diesen Vietnamesen? Opium. Er schüttelt den Kopf. Aber nicht vergebens heißt es ja: Andere Länder, andere Sitten.
> Pause.

Zweiter Polizist Mhm. Das schon. Aber auch ein Schweizer soll ja schon gestorben sein am Opium. Also ich habe dann nichts gesagt. Aber auf dem Posten habe ich es gehört. Nur zufällig.
Erster Polizist Wenn das stimmt. Das wäre noch bedenklicher. Aber wir sind ja machtlos.
Zweiter Polizist Mhm. Absolut machtlos.
> Sie schwenken ihre Gewehre.
> Längere Pause.

Erster Polizist Achtung! Sie kommen!
> Die beiden zeigen höchste Alarmbereitschaft.
> Stille.
> Dann erscheinen von der rechten Seite her der Rampe entlang die Mitglieder des Komitees. Sie gehen alle, weil der Boden vereist ist, äußerst vorsichtig. Zuerst kommt der Stadtammann in Begleitung mit dem Manager, dann die Dame vom Roten Kreuz, in größerem Abstand schließlich der Geschichtslehrer.

Manager zum Stadtammann Passen Sie ja auf, Herr Stadtammann. Es ist enorm glatt, besonders da vor der Türe. Warten Sie, ich halte Sie besser am Arm.

Er fasst ihn beim Arm.

Dame vom Roten Kreuz Ja. Man sieht es ja richtig glänzen, das Glatteis. Wie ein Spiegel, so glatt. Wie ein Spiegel glänzt das ja.

Erster Polizist zum Stadtammann Ihren Passierschein bitte.

Der Stadtammann zieht umständlich den Schein aus der Westentasche und übergibt ihn.

Ja. Und den Pass.

Der Stadtammann reicht den Pass.

Zweiter Polizist zum Manager Passierschein und Pass.

Der Manager reicht beides mit der lässigen Selbstverständlichkeit des Mannes von Welt.

Die Polizisten vergleichen Passierschein mit Pass.

Erster Polizist gibt dem Stadtammann die Ausweise zurück Gut. Dann dürfte ich die Ausweise der Dame haben.

Die Dame vom Roten Kreuz übergibt sie ihm, ängstlich.

Zweiter Polizist gibt dem Manager die Ausweise zurück Gut. Zum Geschichtslehrer: Sie.

Geschichtslehrer übergibt die Ausweise Da.

Der zweite Polizist nimmt sie entgegen und kontrolliert sie.

Der erste Polizist gibt der Dame vom Roten Kreuz die Ausweise wortlos zurück, nimmt das Gewehr wieder in Anschlag.

Der zweite Polizist blättert den Pass des Geschichtslehrers ganz durch, vergleicht dann dessen Gesicht nochmals mit dem Passbild, aus verschiedener Perspektive. Dann geht er zu seinem Kollegen, zeigt ihm stumm den Pass.

Erster Polizist zum Geschichtslehrer Sie haben einen Aufenthalt in Ostberlin gehabt?

Geschichtslehrer Ja.

Erster Polizist gibt ihm die Ausweise zurück   Ist gut.

> Der Stadtammann öffnet die Tür des »Kreuz«. Das Klingelzeichen ertönt, sehr laut, sehr schrill.
>
> Während sich die Komiteemitglieder hineinbegeben, öffnet sich der Vorhang ganz.
>
> Über die volle Bühnenbreite sind links und rechts der Tür Stacheldrahtrollen ausgelegt. (Der Stacheldraht könnte als Zaun auch so hoch reichen, dass die Szene nur durch dessen Maschen sichtbar würde.) Während die Absperrung von grellem Scheinwerferlicht überflutet ist, liegt der übrige Raum in einem schummerigen Dunkel, aus dem vorerst nichts wahrzunehmen ist. Nur Musikbox und Flipperkasten sind beleuchtet.

Dame vom Roten Kreuz schreit auf   Stacheldraht!

Manager sanft   Nur zum Schutz. Ist es nicht – wie eine Oase der Ruhe?

> Leise ist fernöstliche Musik zu hören. Sie spielt bis ans Ende, leise, lauter oder fast unhörbar. Es ist die gleiche Platte, die am Ende des 2. Akts gespielt hat – jetzt beginnt sie von selbst immer von Neuem aus der Musikbox zu spielen.
>
> Die Polizisten draußen patrouillieren nun auf der vollen Bühnenbreite der Absperrung entlang – der eine links vom Eingang, der andere rechts.
>
> Langsam wird jetzt auch sichtbar, wie sich der Saal des »Kreuz« verändert hat.
>
> Die Wirtschaft »Zum Kreuz« ist eine staatlich geduldete Opiumhöhle geworden.
>
> Noch liegen die Opiumsüchtigen berauscht in ihrem narkoseartigen Schlaf, so dass kaum zu entscheiden ist, ob es sich um Schlafende handelt oder um Tote: bei den Vietnamesen, die auf dem Boden des Saals liegen, und bei den wenigen Einheimischen zwischen ihnen,

die ebenfalls opiumsüchtig geworden sind (Karl, Susi, Fritz, die Serviertochter).

Stadtammann Der Grund für diese Ortsvisite besteht darin, dass ... dem Festkomitee »Die Schweiz begrüßt Vietnam« die Aufgabe übertragen worden ist, einen abschließenden Bericht zu erstellen. Aus diesem Grund eben die Ortsvisite. Ich glaube, zu Ihrer Orientierung langt das. Wir haben das Opium jetzt unter Kontrolle. Leider, leider sind auch ein paar Einheimische betroffen.

Schweigen.

Dame vom Roten Kreuz schreit Aber das ist ja ganz grauenhaft! Das darf doch einfach nicht wahr sein!

Manager Es ist wahr. Sie sehen es ja mit Ihren eigenen Augen.

Geschichtslehrer Ja. Wahrhaftig. Mit den eigenen Augen. Opium aus Vietnam. Oder auch, Mister Interswiss: Holocaust, made in Switzerland.

Manager Eben gerade nicht Holocaust. Unser Bericht soll diesem – leider durchaus möglichen – Missverständnis begegnen. Im Inland und im Ausland. Und dazu sind wir da. Wir, das Festkomitee.

Dame vom Roten Kreuz Die sind ja alle tot!

Manager Beruhigen Sie sich. Sie schlafen.

Dame vom Roten Kreuz Nein!

Geschichtslehrer Sind Sie sich eigentlich so sicher, Manager, dass wir da mitmachen?

Die Serviertochter, die auf einem Stuhl, der mitten im Saal steht, eingeschlafen ist, erwacht durch die Geräusche, zündet sich sofort eine Opiumzigarette an. Der Rauch strahlt in bengalischer Farbe.

Manager Den Herrn Stadtammann jedenfalls habe ich schon überzeugen können.

Stadtammann Es geht halt einfach um das Ansehen der Schweiz in der Welt schlussendlich, um nichts Geringeres, Vietnam hin oder her.
Geschichtslehrer Das also ist Ihre Realpolitik, Herr Stadtammann:.
Stadtammann He ja.

Pause.

Serviertochter Ist das aber eine Überraschung. Der Herr Stadtammann auch wieder einmal im »Kreuz«. Aber gut sehen Sie nicht aus. Nehmen Sie doch auch eine davon.

Sie streckt ihm ihre Schachtel mit Opiumzigaretten entgegen.

Stadtammann Nein. Danke.
Serviertochter Ich bin halt jetzt gar nicht vorbereitet auf Ihren Besuch. Jetzt so plötzlich. Aber doch, ich seh's. Irgendwie haben Sie abgegeben. Oder fehlt Ihnen etwas, Herr Stadtammann?
Stadtammann Nein. Nichts.
Serviertochter Aber sitzen Sie doch ab. Es ist sonst so ungemütlich.

Der Stadtammann begibt sich wie unter Zwang an den Tisch des Festkomitees, der immer noch an der gleichen Stelle steht, und setzt sich dort auf seinen Stuhl.

Wie geht's daheim?

Stadtammann Man kann nicht klagen.
Serviertochter Und sonst, Herr Stadtammann?
Stadtammann Sonst – sonst ist alles in Ordnung.
Serviertochter Aber da staunen Sie, wie sich hier im »Kreuz« alles verändert hat. Seit selbem Vietnamfest im Frühling. Das hätten Sie selbmal sicher auch nicht gedacht.

Immer mehr Vietnamesen erwachen und zünden sich ihre Opiumzigaretten an, deren Rauch in verschiedenen Farben bengalisch leuchtet und den Raum so mehr und mehr erhellt.

Stadtammann Nein.

Serviertochter Opium aus Vietnam.
Stadtammann Ja. Fräulein. Vielleicht haben Sie recht. Ich habe abgegeben.
Manager geht zum Stadtammann und klopft ihm auf die Schulter Aber Herr Stadtammann, Sie sind doch ganz der Alte geblieben.
Serviertochter lacht Jaja, Unkraut verdirbt nicht.
Pause.
Geschichtslehrer tonlos So teuer ist das Ansehen der Schweiz.
Serviertochter Schön, wie alle hier in der Luft schweben. Und leuchten. Richtig leuchten tun sie.
Geschichtslehrer Ohne uns, Herr Manager.
Manager Wir besprechen jetzt alles in Ruhe miteinander.
Geschichtslehrer schreit Nein! Jetzt ist fertig mit Vietnam als Reklame für die Interswiss, Herr Manager, endgültig fertig! Und wenn das Ansehen der Schweiz dabei auch noch draufgeht. Fertig mit solchem Profit und solchem Ansehen. Und wenn das Opium billiger ist als der Profit. Aber diese Rechnung geht nicht auf. Und wenn man schon keine Konzentrationslager beweisen kann in der Schweiz, dann soll aus solcher Wiedergutmachung nicht auch noch Kapital geschlagen werden. Nein! Keine symbolische Wiedergutmachung im Dienst des Kapitalismus. Nein! VIETNAM IN DER SCHWEIZ IST OPIUM FÜRS VOLK! Nein. Die Vietnamesen, die habt ihr gebraucht als Alibi für eine Legende. Für die Legende von der heilen Schweiz als Insel der Zuflucht. Und diese Legende hat nie gestimmt. Nie. Und jetzt könnt ihr die Vietnamesen nicht mehr brauchen. Erst holt ihr sie her um des Ansehens der Schweiz willen und um des Profits. Und dann müssen sie verschwinden wegen dem gleichen Profit und dem gleichen Ansehen. Nein. Besser, ihr hättet sie gar nicht erst hergeholt!

Manager Schreien Sie doch nicht so. Sie wecken sie doch nur auf damit. Und um sie jetzt zurückzuschicken, Herr Professor, wie Sie gerade angedeutet haben, ist es zu spät. Das Ganze ist ein Symbolakt gewesen, wie auch Sie richtig sagen, ein symbolischer Akt der Wiedergutmachung, und eben aus dem Grund können unsere Vietnamesen gar nicht mehr zurück, weil sie Symbole sind.

Dame vom Roten Kreuz Sie lassen sie hier zugrunde gehen!

Manager Ich schlage vor, wir setzen uns nun an den Tisch und besprechen das Ganze in aller Ruhe. Im Übrigen, Herr Professor, haben Sie sich im Moment selber verraten. »Vietnam in der Schweiz ist Opium fürs Volk.« Das genügt. Wir haben schon länger vermutet, wer der Drahtzieher gewesen ist von der Demonstration damals. Jetzt wissen wir's auch.

Geschichtslehrer Und wie hat sich die Demonstration damals so reibungslos aufgelöst? Wer ist da der Drahtzieher gewesen?

Stadtammann Das – geht Sie nichts an. Ich muss Ihnen in dem Zusammenhang auch mitteilen, dass der Erziehungsdirektor nur sehr bedingt einer Verlängerung Ihrer Stelle am Gymnasium zustimmt, nur sehr bedingt …

Geschichtslehrer Und wie lautet die Bedingung?

Manager zieht überraschend ein Dokument aus seiner schwarzen Mappe Dass Sie den Bericht da unterschreiben.

Geschichtslehrer Wenn ich als Lehrer nicht tragbar sein soll, dann fragen Sie doch die Schüler.

Stadtammann Schüler verstehen wohl kaum etwas von Jugendpädagogik.

Manager Von Jugendpädagogik auf der Höhe der Zeit, Herr Professor. Die Zeit hat sie überholt. Diese Demonstration, das ist wohl für Sie so eine Art wehmütiger Erinnerung gewesen an die verlorene Jugend, eine sentimentale Anwandlung? Oder täusche ich mich da? Sie sind wirklich nicht mehr auf der Höhe der Zeit. Und jetzt unterschreiben Sie.

Geschichtslehrer Nein.

Dame vom Roten Kreuz Ich unterschreibe auch nicht.

Pause.

Draußen treffen sich gerade die Polizisten bei ihrer Patrouille in der Bühnenmitte vor der Eingangstür des »Kreuz«.

Geschichtslehrer schreit Nein!

Daraufhin erwachen ein paar weitere Vietnamesen aus ihrem Opiumrausch und auch die Einheimischen Karl, Susi und Fritz. Sie zittern alle am ganzen Körper.

Dame vom Roten Kreuz Aber die schlottern ja, die schlottern ja alle am ganzen Körper!

Serviertochter Ja. Das ist manchmal so. Beim Erwachen. Wenn das Opium nicht mehr wirkt. Dann kann das mit dem Schlottern schon passieren. Ich hab's am Anfang selber auch gehabt. Aber man muss dann nur neues Opium nehmen. Dann verschwindet das mit dem Schlottern wie von selber. Seitdem trage ich das Opium immer mit mir hier im Servicetäschchen. Da kann mir das nie mehr passieren mit dem Schlottern.

Sie geht zu den gerade Erwachten hin und bietet ihnen von ihren Opiumzigaretten an.

Im Verlauf der Zeit wird sich das Zittern dann tatsächlich immer mehr verlieren.

Aber sonst. Sonst ist die ganze Welt viel schöner geworden hier im »Kreuz«, seit wir dieses Opium haben. Das mit dem Schlottern ist nicht so schlimm, wenn man's weiß. Aber dafür ist die Welt ganz leicht, unendlich leicht.

Pause.

Manager Es ist die einzige Lösung gewesen.
> Der Geschichtslehrer und die Dame vom Roten Kreuz gehen nervös hin und her.

Herr Stadtammann. Wenn ich jetzt um Ihre Unterschrift bitten darf.
> Er legt ihm den Bericht zur Unterschrift vor. Der Stadtammann unterschreibt ohne Zögern.

Stadtammann Man kann, denk, nicht gut zugeben, dass es den Vietnamesen hier bei uns in der freien Schweiz schlechter ginge als in ihrer kommunistischen Heimat, aus der sie geflohen sind. Das wäre ja direkt die Welt auf den Kopf gestellt.

Dame vom Roten Kreuz Und hier lässt man sie zugrunde gehen. Nein.

Manager Und wenn die Dame vom Roten Kreuz in der Zeitung lesen müsste: »Rotes Kreuz vertuscht Opiumskandal bei den Vietnamflüchtlingen.«

Dame vom Roten Kreuz *erschrickt* Was – was sagen Sie da? Das Rote Kreuz hat kein Opium vertuscht. Der Geschichtslehrer hat ausdrücklich verlangt, den opiumsüchtigen Vietnamesen müsste geholfen werden. Und das ist verhindert worden mit Polizei und Stacheldraht. Nicht anders ist es gewesen.

Manager Aber es könnte trotzdem so in der Zeitung stehen: »Rotes Kreuz vertuscht Opiumskandal bei den Vietnamflüchtlingen.«
> Schweigen.

So. Unterschreiben Sie. Wir sitzen alle im selben Boot. Begreifen Sie das endlich.

Dame vom Roten Kreuz Nein.
> Sie setzt sich an einen Tisch, an dem zwei Vietnamesen lächelnd ihr Opium rauchen. Sie hält sich die Hände vors Gesicht, überlegt, steht auf.

Nein.

Manager Dazu ist es jetzt zu spät. Seien wir doch offen. Biafra, Bangladesch, Äthiopien und so weiter, und so fort, das sind mal Namen gewesen, und heute – sind sie vergessen. Das ist heute alles Schrott. Schrott der Geschichte. Und mit dem lockt man keinen Hund mehr hinter dem Ofen hervor. Und mit den Vietnamesen, geben wir's doch zu, ist heute auch kein Staat mehr zu machen. Geben wir's doch zu. Auch sie sind überrollt durch den Gang der Geschichte, auch sie sind zu Schrott geworden. Das ist doch die Realität, vor der wir nicht die Augen verschließen können. Das ist die Realität. Vietnam – das ist heute Schrott. Pause.
Geschichtslehrer Ihre Realität ist das. Schrott. Ja. Für neue Waffen.
Manager Man kann darüber diskutieren, ja, ich geb's zu. Aber zu solchen Überlegungen ist es jetzt, ich habe es angetönt, sowieso zu spät. Seit heute Morgen, liebe Mitglieder vom Festkomitee, ist das Opium tödlich.
Stadtammann erschrickt Was? Wie ist das zu verstehen?
Manager Wie ich es gesagt habe. Als die Vietnamflüchtlinge mit dem Opium angefangen haben, sind wir in der Interswiss gezwungen worden, nach einer Lösung zu suchen – nach einer humanen Lösung selbstverständlich. Aber es ging jetzt nicht mehr nur um das Image unserer Firma. Es ging plötzlich um viel mehr. Um die Erhaltung der Arbeitsplätze. Um die Aufträge vom Eidgenössischen Militärdepartement. Schließlich um das Ansehen der Schweiz in der ganzen Welt. Und da haben wir in der Interswiss beschlossen, das Opium – übrigens völlig gratis – von uns aus an die Vietnamesen und allfällige Kontaktpersonen zu liefern. Einfach um die Sache unter Kontrolle zu bekommen. Aber wir sind uns bewusst gewesen, von Anfang an, eine Lösung auf die Dauer war das nicht. Pause. Und dann haben wir nach langem

Hin und Her nur eine Lösung gefunden. Die Lösung, die wir jetzt haben. Es ist die einzig saubere Lösung, auf die Dauer gesehen. Pause. Seit heute Morgen ist das Opium tödlich.

Stadtammann Dazu habe ich nie die Einwilligung gegeben. Dazu nicht.

Manager Ich weiß.

Dame vom Roten Kreuz Das ist Mord. Und Sie und Ihre Komplizen sind die Mörder.

Manager Wenn Sie darauf bestehen wollen. Es steht Ihnen natürlich frei. Aber sehen Sie sich doch die Betroffenen an. Es wird ihnen leichter und leichter. Und sie fallen in einen ganz schweren Schlaf. Aus dem sie nicht mehr erwachen. Ist dieser Schlaf für sie vielleicht nicht humaner als ein Leben im ständigen Heimweh nach Vietnam? Kann man das Ganze nicht auch so ansehen?

Dame vom Roten Kreuz Mord ist nie human.

Manager Wie gesagt, es steht Ihnen frei, auf Ihrem Standpunkt zu beharren.

Stadtammann Mit Mord bin ich nie einverstanden gewesen. Nie. Das wissen Sie genau.

Manager Vielleicht. Aber wie wollen Sie es beweisen? Vor Gericht beispielsweise. Stadtammann der Mithilfe an Mord angeklagt. Was sagen Sie dann?
Pause.

Stadtammann Die Wahrheit. Die volle und ganze Wahrheit.

Manager lächelnd Die würde Ihnen wohl wenig helfen. Zur Dame vom Roten Kreuz: Ebenso wenig wie Ihnen. Stellen Sie sich vor, es würde in der Zeitung heißen »Das Rote Kreuz ist mitschuldig am Tod der Vietnamflüchtlinge.«
Schweigen.

Dame vom Roten Kreuz Was sollen wir jetzt nur machen?
Manager Unterschreiben.
> Er reicht ihr den Bericht zur Unterschrift.

Sie unterschreiben nur, dass die Vietnamflüchtlinge und ein paar Einheimische, die von ihnen leider angesteckt wurden, einer Epidemie unbekannter Herkunft erlegen sind. Nur das. Das Festkomitee »Die Schweiz begrüßt Vietnam« bedauert diese tragische Verwicklung unglücklicher Zufälle. Nur das. Das ist alles.
> Schweigen.

Dame vom Roten Kreuz zum Geschichtslehrer Und Sie. Was sagen Sie dazu. Sie müssen doch etwas dazu sagen!
> Der Geschichtslehrer schweigt.

Serviertochter Sehen Sie. Ich hab's ja gesagt. Jetzt schlottern sie nicht mehr.
> Sie steckt sich eine neue Opiumzigarette an.

Man muss das nur wissen. Und dann ist alles ganz leicht. Und alles ringsherum, das ist ganz nah und gleichzeitig ganz fern.
> Sie schließt die Augen.
>
> Die Vietnamesen sind zum Teil eingeschlafen, zum Teil rauchen sie und lächeln in sich versunken den Mitgliedern des Festkomitees zu, verneigen sich mit erhobenen Händen.
>
> Susi steht bei der Musikbox. Karl beugt sich über den Flipperkasten, doch er spielt nicht.

Fritz Du, Susi!
> Sie scheint nicht zu hören.

Karl!
> Er scheint nicht zu hören.
>
> Fritz legt sich hin und schläft ein.

Susi nimmt ihren Lippenstift Ich zeichne jetzt ein ganz großes Herz.

Sie malt es ungelenk an die Wand neben der Musikbox. **Und jetzt schreibe ich ein Geheimnis.** Sie kichert, kritzelt Unleserliches in den Umriss des Herzens. **ELVIS, I LOVE YOU soll das heißen. ELVIS, I LOVE YOU.** Sie wiederholt es mehrere Male, drückt sich dann ganz an die Wand, bleibt so – stumm.

Karl Über viertausend. Leck mir. Übermütig: **Die ganze Welt ist ein Flipperkasten, ein riesengroßer Flipper, der ganz klein ist. Über viertausend habe ich. Die Welt ist ein Flipper.** Er lacht. Er wiederholt es, immer leiser. **Die Welt ist ein Flipper ist die Welt ist ein Flipper ist die Welt ist ein …**

Sein Kopf fällt auf die Glasscheibe des Flipperkastens, Karl gleitet zu Boden.

Susi fährt auf   **I LOVE YOU! ELVIS. Du. Ich liege jetzt ab.**

Sie legt sich hin.

Ja. Du.

Sie schläft ein. Ein Vietnamese deckt sie zu.

Geschichtslehrer zur Dame vom Roten Kreuz   **Sie haben mich vorhin gefragt, was ich dazu sage.**

Auch für mich ist es jetzt zu spät, etwas zu sagen dazu. Ich habe viel zu lange nur geredet – und nicht gehandelt. Ich gehe jetzt nach Vietnam. Das kann ich dazu sagen. Ich hab genug von eurem Opium, das ihr Freiheit nennt, und genug von dieser Freiheit, die ihr verteidigt bis zum Tod, nur weil ihr die Wahrheit nicht ertragt.

Ich habe die vietnamesische Sprache erlernt.

Draußen treffen die patrouillierenden Polizisten vor der Eingangstür zusammen, nehmen die Gewehre in Anschlag, schwenken sie langsam von links nach rechts und zurück.

Ich werde in Ho-Chi-Minh-Stadt arbeiten als Lehrer für Deutsch.

Manager Als Deutschlehrer sagen Sie.
Geschichtslehrer Ja. Schweizer Geschichte ist dort nicht gefragt.
Stadtammann Ist Deutsch denn dort gefragt?
Geschichtslehrer Ja. Deutsch ist beides. Kapitalistisch und kommunistisch.
Pause.
Manager Und wenn ich Sie fragen darf, Herr Professor. Wie sind Sie nach Saigon, Entschuldigung: nach Ho-Chi-Minh-Stadt vermittelt worden?
Geschichtslehrer Über Ostberlin.
Manager Ostberlin.
Stadtammann Also doch.
Geschichtslehrer Ja. Wilhelm-von-Humboldt-Universität. Ja. Ostberlin. Ich habe mich verpflichtet, der Kommunistischen Partei beizutreten.
Stadtammann Sie werden hoffentlich dort nicht die Schweiz schlechtmachen. Ich meine wegen dem Opium …
Geschichtslehrer Das interessiert die dort doch nicht. Im Totschweigen können die's mit der Schweiz ohne Weiteres aufnehmen.
Manager Also wir können uns auf Sie verlassen. Auch in Ostberlin. Sonst …
Der Geschichtslehrer schweigt.
Dame vom Roten Kreuz Und Ihre Familie?
Geschichtslehrer Das ist schon längst vorbei.
Stadtammann Sie haben ja keine Ahnung, was da auf Sie zukommt.
Dame vom Roten Kreuz Schon das Klima dort …
Pause.
Geschichtslehrer Das ganze Klima hier ertrage ich nicht mehr. Ich habe in Ostberlin an einem Instruktionskurs teilgenommen.

Ich habe Bücher gelesen über Vietnam. Ich weiß, was auf mich zukommt. Ein Buch ist von einem deutschen Arzt und heißt »Vietnamesische Lehrjahre«. Alles ist elend viel komplizierter. Die Geschichte Vietnams – unendlich komplizierter ist sie. Die Franzosen. Die Buddhisten. Die Katholiken. Die Kommunisten. Die Amerikaner. Die Chinesen. Die Russen. Die Chinesen. Die Hoas, die auf ihren Booten flüchten mussten aus Vietnam und jetzt hier sind …

Manager Was sagen Sie da? Das ist ja hochinteressant. Die Vietnamflüchtlinge, das sind gar keine Vietnamesen?

Geschichtslehrer Die Hoas sind ursprünglich chinesische Vietnamesen, die …

Manager Also Chinesen sind das hier?

Stadtammann Gar keine Vietnamesen?

Geschichtslehrer Natürlich sind das Vietnamesen. Nur ursprünglich …

Manager Jetzt verstehe ich. Die Hoas, Herr Stadtammann, das ist so wie bei uns mit den Italienern, im Grunde genommen bleiben die ja Tschinggen, auch wenn sie Schweizer geworden sind. Das merkt man ihnen ja trotzdem an. Chinesen sind das.

Stadtammann Also wenn das so ist. Wenn wir das gewusst hätten. Im besten Glauben haben wir Vietnamesen aufgenommen, und in Wirklichkeit haben sie uns Chinesen eingeschleust. Als Spione. Als wenn ich das auch nur geahnt hätte. Kein Wunder. Wir können noch von Glück reden, wenn diese chinesischen Spione jetzt …

Geschichtslehrer Das können schon deswegen keine chinesischen Spione sein, weil die Volksrepublik Vietnam mit China verfeindet ist und …

Manager Wir haben das schon richtig verstanden, Herr Professor. Spione tarnen sich immer, erst recht, wenn sie aus China kommen.

Stadtammann Da geht einem alles wie ein Licht auf. Kein Wunder. In der Zeitung ist es ja auch gestanden. Wörtlich: »Schweiz sieht sich ringsum bedroht.« Als Titel. Und jetzt sieht man's. Und der Bundesrat hat erst letzthin gewarnt vor erhöhter Spionagegefahr. Stand im gleichen Artikel. Jetzt sieht man's.

Patrouille der beiden Polizisten.

Geschichtslehrer Das ist doch Unsinn! Das sind doch keine chinesischen Spione!

Manager Woher wollen Sie denn das wissen?

Stadtammann Also da muss man ja regelrecht erleichtert sein, dass sich jetzt alles gelöst hat. Herrschaftnocheinmal. Man will Vietnamflüchtlingen helfen, und sie schleusen einem chinesische Spione ein. Herrschaftnochmal.

Geschichtslehrer Das hier sind Vietnamflüchtlinge, und ihr habt sie ermordet. Das ist die Wahrheit. Und alles andere ist eure Angst vor der Wahrheit.

Stadtammann Lassen Sie sich nur nicht täuschen, Herr Professor, lassen Sie sich nur nicht täuschen. Aber wenn wir vernünftig miteinander reden, der Herr Erziehungsdirektor, ich meine, vielleicht überlegt er es sich dann auch noch, wegen einem Bleiben am Gymnasium hier, mein ich …

Der Geschichtslehrer wendet sich stumm ab.

Manager Es braucht jetzt nur noch die Unterschriften. *Zur Dame vom Roten Kreuz:* Bitte. Es ist eine tragische Kette von unglücklichen Zufällen gewesen. Das Rote Kreuz will doch nicht mitschuldig sein am Tod von Vietnamflüchtlingen, oder?

Die Dame vom Roten Kreuz geht hin und her, überlegt lange, sehr lange, hält sich die Hände vors Gericht – entschließt sich plötzlich zum Unterschreiben. Inzwischen rauchen nur noch vereinzelte Vietnamesen ihr Opium. Die andern sind eingeschlafen.

Dame vom Roten Kreuz Ja. Ich unterschreibe.
   Der Geschichtslehrer wendet sich überrascht um.
Manager reicht den Bericht Da. Bitte.
   Die Dame vom Roten Kreuz unterschreibt.
Geschichtslehrer Aber was machen Sie denn da? Sie decken ja mit Ihrer Unterschrift, dass die Interswiss Vietnamflüchtlinge ermordet!
   Sie sieht ihn lange stumm an.
Dame vom Roten Kreuz Vielleicht. Aber auch Sie. Sie müssen unterschreiben. Hier, hier im »Kreuz«, da können wir nicht mehr helfen. Aber wir müssen unterschreiben, damit wir weiter helfen können. In Vietnam. In der Volksrepublik Vietnam. In Kambodscha. In Peru. In Pakistan. In Argentinien. Wo auch immer. Bitte, unterschreiben auch Sie. Wir müssen. Wir beide. Damit wir weiter helfen können – helfen ohne solche Gangster und helfen trotz solcher Gangster. Sie schreit: Helfen um des Elends willen!
   Der Geschichtslehrer nickt ihr stumm zu, geht sehr rasch zum Manager und unterschreibt, wortlos.
Manager Eine tragische Kette von unglücklichen Zufällen.
Stadtammann Ja. Eine Epidemie. Aber jetzt ist alles unter Kontrolle. Wir können noch von Glück reden, dass nicht etwas Schlimmeres passiert ist. Herrschaftnochmal.
   Patrouille der beiden Polizisten.
Manager legt den Bericht in seine schwarze Mappe Es ist die einzige Lösung gewesen.
   Pause.

Dame vom Roten Kreuz zum Geschichtslehrer   Wann reisen Sie ab?
Geschichtslehrer   Noch heute.
> Die Komiteemitglieder bleiben starr auf der Bühne stehen.
> Die fernöstliche Musik erstirbt.
> Dunkel.

> Vorhang.

> Licht im Zuschauerraum.

Dokumentarische Anhang zum Berner Theaterskandal

Berner Zeitung, Mittwoch, 4. Februar 1981 (Teil 2, rechte Spalte unten)

Brisanz auch in Bern

pd. In einer Urlesung stellt das Stadttheater Bern ein neues, brandaktuelles Stück vor: Unter dem Titel »Die Schweiz begrüsst Vietnam« behandelt der Solothurner Walter Schenker, derzeit Professor für Sprachwissenschaften an der Uni Trier, theatralisch mit kritischen Untertönen die Geschehnisse um die Schweizer Politik gegenüber den Vietnam-Flüchtlingen im Laufe der jüngsten Zeit; eine mögliche Weiterentwicklung und eine »Lösung« des Problems werden angenommen …

In seinem Bühnenerstling – einem Lehrstück – stellt der angriffige Autor die Schweizer Flüchtlingspolitik in ihrer Wirkung auf private Schicksale dar. Das Berner Stadttheater stellt dieses brisante Stück in einer Art «try-out» erstmals der Öffentlichkeit vor. Im Anschluss an die Lesung, die Premiere ist für kommenden Freitag um 23 Uhr in der Mansarde des Stadttheaters angesagt, werden Betroffene und mit der Flüchtlingspolitik Vertraute mit dem Publikum diskutieren.

Berner Zeitung, 5. Februar 1981 (Ttitelseite, rechte Spalte, Mitte)

Gewissens-Bissiges
Streit um Theaterstück

bh. Dass das Thema Flüchtlingspolitik in der Schweiz ein heisses Eisen ist, waren sich die Verantwortlichen am Berner Stadttheater bewusst. Doch dass die beteiligten Schauspieler die Urlesung eines Lehrstückes des Solothurner Autors Walter Schenker beinahe zu Fall brachten, kam unerwartet: Sie weigern sich, »Die Schweiz begrüsst Vietnam«, für kommenden Freitagabend in der Mansarde des Berner Stadttheaters angesagt, als szenische Lesung vorzutragen. Die Problematik im Stück löste Gewissenskonflikte aus.

Bericht Seite Kultur (Teil 2)

(Teil 2, linke Spalte oben)

Urlesung in veränderter Form
Wenn Gewissensbisse plagen

Aus »moralischen Gründen« möchten Schauspieler des Stadttheaters Bern einen Text nicht vortragen, der sich in provozierender Weise mit innenpolitischen Problemen der Schweiz, nämlich der Flüchtlingspolitik, auseinandersetzt.

bh. Die vom Stadttheater angekündigte Urlesung des Lehrstückes »Die Schweiz begrüsst Vietnam« von Walter Schenker (vgl. BZ von gestern) kann somit nicht im vorgesehenen Rahmen durchgeführt werden. Damit die Veranstaltung trotzdem stattfinden kann, hat sich der Autor bereit erklärt, die wichtigsten Passagen aus dem Werk den Zuhörern selbst zu präsentieren, die im Anschluss daran über das Thema diskutieren sollten. Diese neue Form der Urlesung »Die Schweiz begrüsst Vietnam« findet wie angekündigt am Freitag abend um 23.00 Uhr in der Mansarde des Stadttheaters statt. Autor Walter Schenker, der an der Universität Trier als Professor für Sprachwissenschaften amtet, erklärte gegenüber der BZ am Telefon: »Einerseits verstehe ich die Argumentation der Schauspieler, andererseits aber glaube ich, dass es besser ist, eine brisante Thematik zu behandeln und zur Diskussion zu stellen, als sie zu verschweigen.« Schenker sieht sich keineswegs als Provokateur, der als Solothurner aus dem Ausland sein Nest beschmutzen will, er möchte lediglich mit seinem Stück und mit der darin behandelten Thematik Spannung im Zuschauerraum erzeugen. Ähnlich auch reagierte der Leiter der Lesung, Berns Dramaturg Wolf Jürgen Brehm: »Ich bin über diese Entwicklung nicht sehr glücklich, respektiere zwar die Verhaltensweise der Schauspieler, möchte aber eines zu bedenken geben: Ein Schauspieler, der eine Rolle vorträgt, muss sich weder mit der Aussage noch mit der Ideologie dieser Figur identifizieren. Dieses ganze Vietnam-Projekt soll grundsätzlich einmal die Impulse zu einer Diskussion liefern.« Wir werden in der BZ auf diesen Vorfall und auf den Inhalt des umstrittenen Stückes zurückkommen.

Berner Zeitung Freitag, 6. Februar 1981 *(Titelseite, rechte Spalte)*

BZ heute
[...]
Teil 2
Kultur: Schenker ist kein Nestbeschmutzer
[...]

(Teil 2, drei Spalten, rechts unten)

Gespräch mit Walter Schenker, dem Autor von
»Die Schweiz begrüsst Vietnam«
»Ich möchte doch nur die Phantasie verändern«
Der Solothurner Walter Schenker, seit 1975 Professor für Sprachwissenschaften an der Universität Trier, hat ein Stück geschrieben, das schon vor der ersten Lesung in Bern hohe Wellen wirft: Schauspieler des Berner Stadttheaters weigerten sich »aus moralischen Gründen«, bei der angesagten szenischen Lesung von »Die Schweiz begrüsst Vietnam« mitzuwirken (vgl. BZ von gestern). Der Autor wird nun heute abend um 23.00 Uhr in der Mansarde des Stadttheaters erstmals selbst aus seinem Stück vorlesen und sich der Diskussion stellen. Gestern Mittag gab er der BZ telefonisch Auskunft.

Interview: Beat Hugi

BZ. Wie entstand dieses Stück, welches waren die Kriterien, die dieser Idee die Tragfähigkeit zubilligten, als Theaterstoff zu dienen?
Walter Schenker: Ich muss Sie wahrscheinlich enttäuschen. Ich habe diese Idee nicht aus politischem Engagement mit mir herumgetragen.

Die Ideen, die ich habe, kann ich nicht steuern. Oder nur gerade steuern, was ich daraus mache. Aber die Absicht, die der Idee zugrunde lag, war die: Der Schauplatz Schweiz bringt viele Leute zum Theater, weil ein regionales Motiv vorhanden ist. Man muss die Literatur, die man fabriziert, auch an ausserliterarischen Dingen aufhängen, und dieser Aufhänger wäre dann der regionale Bezug »Schauplatz Schweiz«.

Aber dieser schweizerische Stoff ist doch problemlos übertragbar; auf die Bundesrepublik zum Beispiel?

Wenn ich diesen Stoff auf die Schweiz beschränkt hielte, hätte ich das Stück nicht geschrieben. Wenn ich also nur einen Aggressionsakt hätte ausführen wollen gegen meine alte Heimat, nein, dann nicht. Die Schweiz als die Welt. Es wurde mir einmal von einem deutschen Theatermann gesagt, nicht die Schweiz als irgendein Sonderfall sei interessant, sondern die Schweiz als etwas Übertragbares.

Erwartet man denn nicht bestimmte Reaktionen, wenn man die Stückfiguren zu skizzieren beginnt und sie sprechen lässt? Sehr provokativ übrigens…

Wenn ich vor der Entstehung des Textes klare politische Ziele hätte, wie man das oder jenes anders macht oder nicht machen sollte, dann wäre die Literatur für mich ein untaugliches und falsches Vehikel. Dann müsste ich in die Politik oder in den Journalismus gehen. Ich müsste direkt auf diese Ziele hinarbeiten. Diese Ziele fehlen mir aber. Ich sehe Themen, für die ich selbst keine Lösung habe, wo ich aber meine, dass man sie aufwerfen kann und auch darf. Ich verändere damit nicht die Wirklichkeit, sondern ich erhoffe mir, die Phantasie zu verändern. Das allerdings würde ich mir bei diesem Stück «Die Schweiz begrüsst Vietnam» schon versprechen.

Wenn aber nun die Phantasie verändert wird, wirkt das doch wieder auf die Realität zurück!

Ja. Ein Anstoss oder eine Veränderung der Phantasie kann Leute, die in

entsprechenden Positionen und Stellen sitzen, zum Handeln animieren. Wichtig scheint mir, dass man einen Themenkomplex überhaupt einmal zur Sprache bringt.
Und das sollte einen Lernprozess auslösen? Sie nennen Ihr Stück ja ein «Lehrstück».
Es soll zum Beispiel darauf verweisen, dass Vietnamflüchtlinge möglicherweise aus Renommiergründen hergeholt werden und nicht unbedingt aus lauteren, humanitären Motiven. Dies sollte einfach mal hingestellt werden.
Stellen Sie sich denn selbst auf irgendeine Seite?
Ich muss zu allen Figuren, die ich auf die Bühne stelle, Distanz haben. Ich kann mich mit keiner identifizieren, sonst wäre das Theater wieder verfehlt. Ich würde dann ja nur eine Perspektive annehmen. Mit dem Theater aber hat man die Möglichkeit, die Perspektive dem Zuschauer zu überlassen. Er beurteilt die Figuren. Im Theater hat er die Freiheit, die Figuren von aussen zu betrachten, und diese Freiheit möchte ich ihm lassen. (…) Ich wollte im übrigen mit dem Vietnamstück keinen Skandal auslösen, aber ich täusche mich da anscheinend gewaltig. Ich will zwar nicht, aber der Effekt ist da. (…) Langsam bin ich schon der Meinung, dass man sich genau überlegen muss, wann man etwas veröffentlichen darf, da man sonst grundsätzlich das Erscheinen gefährdet. Wenn man ein Theaterstück herausbringen will, dann besteht offenbar die Gefahr, dass es noch vor der Aufführung abgeblockt wird.
Das Stück scheint anstössig zu sein, und ich würde nach wie vor meinen, es liege an der Sache und nicht am Stück. Es liegt daran, dass das Stück diese Thematik zur Sprache bringt. Gut. Denn die Sache sollte auch Anstoss erregen.

(Teil 2, rechte Spalte unten, schwarz gerahmt)

Stein des Anstosses

bh. Ein Stadtammann, ein PR-Manager der Firma Interswiss, ein Geschichtslehrer und Professor am Städtischen Gymnasium und die Dame vom Roten Kreuz, 55, scheinbar hilflos und doch resolut, ohne ihren Charme zu verlieren, hocken als Integrationskomitee für die Vietnamflüchtlinge meist im Saal der Wirtschaft Kreuz und lassen sich im Vietnamstück von Walter Schenker über Flüchtlinge, Flüchtlingspolitik und heimtückisches Seelenmanagement aus. Spruchbänder zeugen von Anteilnahme: »Die Schweiz begrüsst Vietnam«. Dann gibt es drei Vietnamesen, drei Jungschweizer, einige Polizisten und natürlich die Statisten: eine Festgemeinde, die Kapelle »Edelweiss«, Demonstranten, Reporter. Die Vietnamesen suchen die Freiheit, finden die Schweiz schön und werden im speziell erbauten Interswiss-Village einquartiert. Die heutige Flüchtlingspolitik, die Das-Boot-ist-voll-Theorie vergangener Tage, Erfahrungen aus der »Holocaust«-TV-Serie und eine bis zu ihrem schlimmsten Ende gedachte Schwarzweiss-Lehrgeschichte sind die brisanten Züge einer Thematik, die zwar nicht allen Eidgenossen in den Kram passen muss, die aber einiges zu reden geben kann und unsere Phantasie arg strapaziert.

Berner Zeitung, Montag, 9. Februar 1981 (Ttitelseite, rechte Spalte)

BZ heute
[…]
Teil 2
Kultur: Flüchtlinge als Thema im Theater
[…]

(in Teil 2, drei Spalten, rechts oben)

«Holocaust II» oder: Wie Flüchtlingsproblem auch gelöst werden könnte
Vietnamflüchtlinge lassen sich begrüssen
Walter Schenker, Bürger von Solothurn und Professor in Trier, stellt im Stadttheater Bern sein neues Stück »Die Schweiz begrüsst Vietnam« vor. (Die BZ hat am 5. und 6. Februar darüber berichtet.) Am vergangenen Freitag, um 23.00 Uhr, wurde dieses »Lehrstück« zum ersten Mal vorgetragen; – allerdings vom Autor allein, da die Schauspieler die Teilnahme verweigern. Am nächsten Wochenende wird die Urlesung wiederholt: Am Freitag, um 23.00 Uhr, und Samstag, um 17.00 Uhr.

Martin Leutenegger

Es ist ja erfreulich, wenn Schauspieler nicht kritiklos jede Rolle übernehmen, wenn sie ihr Talent nicht unbesehen jeder Ideologie und schliesslich jeder Waschmittelfirma zur Verfügung stellen. Andrerseits käme das Theater auch nicht weit, wenn jeder Schauspieler nur noch jene Typen verkörpern würde, die ihm grad sympathisch sind: Die wenigsten Stücke wären je aufgeführt worden. Der Entschluss der streikenden Schauspieler wäre nachvollziehbar gewesen, wenn der Autor vorgegeben hätte, mit seinem Werk die wirklichen Zustände in bezug auf die schweizerische Flüchtlingspolitik darzustellen. Diesen Zweck jedoch verfolgte Walter Schenker nicht; die Realität will er nicht abbilden: »Das Stück soll weniger zeigen, wie die Schweiz ist, als wie sie sein könnte«, meint er im Vorwort seines »Lehrstücks«. Also doch! Ein Lehr-Stück! Jemand soll etwas lernen. Die Frage ist nur: Wer? und was?

Dümmliche Asiaten
Die Problematik beginnt bereits bei den Personen: Da treten auf: ein »Stadtammann« (die Karikatur eines konservativen Lokalpolitikers), ein »Manager« (die Karikatur eines skrupellosen Geschäftsmannes, so richtig jung und dynamisch); dann ein »Geschichtslehrer« (ein Progressiver von der Berufsszene bis zur Langhaarwurzel) und die Dame vom Roten Kreuz (hilflos, aber nicht unsympathisch). Ferner: Zwei junge Männer mit rassistischen Neigungen, eine junge Frau und eine Serviertochter ohne dieselben, zwei gesichtslose Polizisten und – zu unguter Letzt – drei Vietnamesen: Vietnamesen vom Typ »kichernder Chinese«, wie er gelegentlich noch in alten Drittklassfilmen anzutreffen ist: hohe Fistelstimme, immer freundlich-dümmlich grinsend, die Worte ständig wiederholend. Kurz: eine ebenso unzutreffende wie arrogante Charakterisierung. – Die Personen also lehren niemanden etwas. Es sind leblose Clichées, mit denen sich niemand identifizieren kann und die selbst in einem Dorftheater keine Milchkuh hinter dem Ofen hervorlocken könnten.

Banale Handlung
Die Handlung? Sie ist nicht minder banal: Im ersten Akt werden die Vietnamesen von den Autoritäten der Stadt offiziell begrüsst, im zweiten Akt werden sie von den beiden jugendlichen Rassisten angepöbelt, worauf die Vietnamesen sich selber und ihre Gegenspieler mit Opium zu

betäuben beginnen, im dritten Akt soll der Opium-Skandal durch den Stadtmann und den Manager vor der Öffentlichkeit vertuscht werden, und weil dies nicht gelingt, wird im vierten Akt – Titel: »Die Lösung« – das Opium vergiftet und die Flüchtlinge sterben, was aber die Offiziellen und – aus welchen Gründen auch immer – sogar die sympathische Rotkreuz-Dame und der progressive Geschichtslehrer verheimlichen wollen. Zuletzt geht der Pädagoge nach Vietnam. Als Deutschlehrer. Via Ostberlin. Fertig.

Dick aufgetragen

Die Anspielung ist klar und sie wird teilweise auch ausgesprochen: Mit der »Lösung« ist die »Endlösung« gemeint, »Holocaust made in Switzerland«, wie der Geschichtslehrer sagt. Nun ist das aber so dick aufgetragen, dass der Zuhörer nur noch lachen oder die Haare des Autors raufen kann. Lernen tut er nichts. Im Gegenteil: Es tritt genau das ein, was Walter Schenker verhindern wollte: Es wird »der allzu bequeme Einwand heraufbeschwört, so sei es nun auch wieder nicht in der Schweiz«.

Das einzig Positive

Walter Schenker war von den Schauspielern im letzten Moment sitzengelassen worden. Dass dadurch die »Urlesung« zu einer anderthalbstündigen Vor-Lesung wurde, die an einen professoralen Monolog erinnerte, kann also nicht dem Autor angekreidet werden. Er selber oder Theaterdramaturg Brehm als Gesprächsleiter hätten aber verhindern können, dass sich die anschliessende Auseinandersetzung mit dem Publikum anliess wie eine missratene Fernsehdiskussion: Vom Podium herab redeten ein Historiker, ein Theologe, der Autor und der Dramaturg aneinander vorbei und über das Publikum hinweg, bis einige Zuschauer schliesslich von sich aus das Wort ergriffen. Eine gute Figur machte unter den Eingeladenen nur der Präsident der bernischen

Gesamtkirchengemeinde, Wildbolz. Was beim Zuhörer an diesem Abend zurückblieb, war einzig die Befriedigung darüber, dass »man« wieder einmal von den Vietnamflüchtlingen geredet hatte; von Flüchtlingen, die für die Massenmedien ja längst kein Thema mehr darstellen, obwohl sie – und nicht nur die Immigranten aus Südostasien! – heute mit Problemen zu kämpfen haben, die nicht minder gewichtig sind als jene, die sie nach ihrer Ankunft in der Schweiz hatten.

Berner Zeitung, Montag, 9. Februar 1981 (in Teil 2, zwei Spalten, links oben, schwarz gerahmt)

Wenn Sie mich fragen
Wie Betroffene reagieren
Zwei junge Vietnamesen aus Plaffeien FR und ein Caritas-Mann, verantwortlich für die Öffentlichkeitsarbeit des Sektors Flüchtlingshilfe, haben sich zum Stück »Die Schweiz begrüsst Vietnam« von Walter Schenker ihre eigenen Gedanken gemacht. Die Meinung von ███████ und der 20jährigen ███████ und des 16jährigen Schülers ███████, die beide seit November 1979 in der Schweiz leben, seien nachfolgend im Rahmen der BZ-Rubrik »Wenn Sie mich fragen« wiedergegeben.

Von gemeinen Motiven, von hinterhältigem, unfähigem und zerstörerischem Tun, berichtet Walter Schenker in seinem »Lehrstück«. Er spricht unbequeme, beschämende Zusammenhänge –, das ganze Stück ist einmal mehr eine schlechte Nachricht. Während der Lesung des Textes ist in mir ein »Gegenstück« entstanden, es haben sich immer eindringlicher gute Nachrichten gemeldet. Die Figuren in diesem »Gegenstück« stehen nicht auf der Bühne, es handelt sich um lebendige Menschen im Alltag. Ich erlebe sie in ihrem Bemühen, Flüchtlingen aus Südostasien zu begegnen, ihnen beizustehen im Ringen um ein eigenständiges Leben. Es sind freiwillige Helfer, die sich redlich bemühen, den Fremden, den Flüchtling in seiner Andersartigkeit zu verstehen, ihm derart zu helfen, dass er das Vertrauen in seine eigenen Kräfte wieder finden kann. Es sind Lehrer, die in ihrem Unterricht Toleranzraum schaffen, damit Flüchtlingskinder neu aufleben dürfen. Es sind auch Arbeitgeber, die versuchen, den Fremden beruflich zu fördern. Es wären noch viele aufzuzählen, nicht zuletzt auch die Animatoren und

Sozialarbeiter der Hilfswerke, die um gerechte und menschenwürdige Intergrationsformen kämpfen. Vergessen wir die Flüchtlinge nicht, die, obwohl fremd, im gemeinsamen Ringen um menschliche Lösungen uns nahe sind. Die guten Nachrichten dringen aus den stillen, meist verborgenen Winkeln unseres oft so schiefen Alltags. Es sind die kleinen Schritte der Veränderung eigener, bisher gültiger Vorstellungen und Normen, die der Auseinandersetzung mit fremder und eigener Wesensart entspringt

*

Während der Lesung ist mir aber auch Angst hochgestiegen. Am Schluss des Stückes werden Flüchtlinge umgebracht und Helfer entlarvt. Ein eisiger Wind der Intoleranz und der schlechten Absichten weht. Da ist mir wieder in den Sinn gekommen, dass ein Flüchtling die Schweiz einmal als »kaltes Paradies« bezeichnete, und ich begann mich zu fragen: Laufen wir nicht alle Gefahr, den Kältetod zu sterben, wenn wir weiterhin handfeste und handgreifliche wirtschaftliche Interessen, unsere so geliebte schweizerische Wesensart, aber auch unser antiquiertes Bild von der humanen Schweiz an erster Stelle belassen und nicht endlich das Bemühen um echte Menschlichkeit ins Zentrum unseres Handelns stellen?

Ich könnte mir vorstellen, dass sich mancher, der sich redlich um Flüchtlingshilfe bemüht, sich in ein und denselben Topf mit denjenigen, die aus hinterhälterischen Motiven handeln, geworfen vorkommt. Das allerdings sollte mit dem Lehrstück vermieden werden. Ich erhoffe mir daher ein breites Gespräch über dieses Stück und unser Tun in der Flüchtlingshilfe. Für mein Empfinden verliert der Text durch die Verwendung zu starker Clichés. Trotzdem bin ich froh um die Fragen, die Walter Schenker mit aufwirft. Ich bin vor allem dankbar, dass er dies zu einem frühen Zeitpunkt tut, wo wir einerseits noch mitten in unseren Bemühungen stehen, wo aber bei einem grösseren Teil der Bevölkerung die Aktion bereits in Vergessenheit gerät. Vergessen wir nicht, es gibt noch ein anderes »Lehrstück«, das zu spät geschrieben wurde, ich meine dasjenige vom vollen Boot.

Auch uns begegnen manchmal Menschen, die keine große Freude daran zu haben scheinen, dass wir Vietnamesen in die Schweiz gekommen sind. Wir merken das jeweils an der Art, wie sie uns grüssen. Unfreundlich oder gar böse ist aber noch niemand zu uns gewesen.
Ob es in zehn Jahren anders sein wird, können wir natürlich nicht sagen. Jedenfalls würden wir uns ganz anders verhalten als die jungen Vietnamesen in diesem Stück: Wenn junge Schweizer mit uns zu streiten anfingen, würden wir entweder versuchen, mit ihnen in Ruhe zu diskutieren, oder wir würden das Lokal sofort verlassen. Wenn Sie uns schwer beleidigen oder gar tätlich angriffen, würden wir uns vielleicht wehren, möglicherweise würden wir sie auch – auf vietnamesisch, nicht auf deutsch – beschimpfen. Ganz gewiss würden wir ihnen aber kein Rauschgift anbieten, nicht einmal dann, wenn wir wirklich welches hätten.
Dass die Leute hier – jedenfalls in der Stadt – zurückgezogen leben und weniger herzlich sind als in Vietnam, ist wahr. Das ist schade, denn wir würden zum Beispiel lieber für fünf Franken in der Stunde mit netten Menschen zusammenarbeiten, als für einen Stundenlohn von neun Franken in einem unfreundlichen Klima – dafür aber, dass die Schweizer eher zugeknöpfte Leute sind, haben wir kein Rauschgift.
Natürlich sind noch nicht alle Probleme, die sich uns hier in der Schweiz stellen, gelöst. Aber wir glauben, es gibt bessere Lösungen für diese Probleme, als die Flüchtlinge einfach zu vergiften. Überdies sind wir der Meinung, dass sich ein solcher (Massen-)Mord in der Schweiz nicht vertuschen liesse: Wenn uns ein einzelner umbrächte, würde seine Tat wohl kaum durch die politischen Behörden gedeckt. Was die Darstellung

der Vietnamesen in diesem Theaterstück betrifft, so können wir uns in ihnen nicht wiedererkennen: Erstens lernen wir nie Deutsch in einer Wirtschaft, zweitens lernen wir nicht so merkwürdige Wörter und drittens ist es bei uns nicht üblich, dass wir jedesmal, wenn wir ein neues Wort gelernt haben, zu jubeln anfangen und uns benehmen wie kleine Kinder. ▇▇▇ und ▇▇▇▇

Berner Zeitung, Sonntag, 15. Februar 1981 (Titelseite, oben)

Kann nur der humanitäre Aspekt beachtet werden?
Umstrittene Flüchtlings- und Asylpolitik
Immer wieder befasst sich die Öffentlichkeit mit Asyl- und Flüchtlingsfragen. Auch in der Gegenwart. In den Kinos läuft der Schweizer Film »Das Boot ist voll« des Regisseurs Markus Imhoof. In Bern erregte ein Theaterstück über die fiktiven Schwierigkeiten mit Vietnam-Flüchtlingen in der Schweiz die Gemüter. Das deutsche Fernsehen (ARD) brachte in den letzten Wochen eine dreiteilige Serie über «Flucht und Vertreibung» von Deutschen nach 1945. Sie hatte, offenbar ähnlich wie »Holocaust«, eine starke Resonanz, wurde sie doch durch eine Diskussion unter Fachleuten, welche die zahlreichen Fragen aus dem Zuschauerkreis beantwortete, abgeschlossen.

Paul Ehinger

In welcher Optik soll die Flüchtlings- und Asylpolitik gesehen werden? Zuerst denkt man sicherlich an die humanitären Aspekte. Den geplagten Personen, die ihre Heimat verlassen müssen, soll geholfen werden, indem ihnen ein neues Zuhause gewährt werden muss. Aber es spielen auch andere Faktoren hinein. Zum Beispiel politische, wirtschaftliche oder soziokulturelle. Können durch die Aufnahme von Flucht- und Asylwilligen aussen- oder innenpolitische Komplikationen entstehen? Ist die Versorgungslage im Gastland gewährleistet? Können die Fremden assimiliert werden, oder könnten sie ethnische Spannungen verursachen? Der humanitäre Standpunkt ist ohne Zweifel der erhabenste. Wer ihn vertritt, muss sich indessen stets der Konsequenzen bewusst sein. Dies wird oft zu wenig bedacht, insbesondere von den Kritikern an der Vergangenheit. So ist es heute leicht, die entsprechende Politik der Schweiz während des 2. Weltkrieges zu beanstanden. Seither ist bald ein halbes Jahrhundert verflossen. Wer aber bei seinen Vorwürfen nicht auch die damals herrschenden Bedingungen mitberücksichtigt, handelt entweder mit demagogischen Absichten oder in puristischer Intoleranz.

*

Sicher: Jeder Politik, welche die Grundsätze der Menschenrechte nur ritzt, haftet ein Makel an. Das ist vielleicht der Preis für eine sogenannte »realistische« Politik, zumal für einen Kleinstaat. Vergleichsweise steht die Schweiz aber nicht schlecht da. Sie hat freilich unter dem Druck des Hitlerfaschismus hilfesuchende Menschen an der Grenze zurückgewiesen. Über deren Zahl besteht zwar keine Klarheit, aber das ist eigentlich unwesentlich. Dagegen hat sie nach der Zerstörung der nationalsozialistischen Tyrannis niemanden mehr ausgeliefert, im Gegensatz etwa zu Schweden, das noch Ende 1945 deutsche und baltische Männer dem sicheren Tod in der Sowjetunion preisgab.

*

Wie sollen die Vertreibungen von rund 14 Mio. Deutschen aus Osteuropa beurteilt werden? Von diesen starben 2,4 Mio. Das ging aus der erwähnten Fernsehserie hervor. Es sind furchtbare Zahlen, und die Schuld der Polen, Tschechen oder Russen wiegt schwer. Trotzdem will kein Mitleid aufkommen. Wer hat den ganzen Schlamassel angezettelt? Und die sechs Mio. ermordeten Juden? Die makabre Rechnung mögen viele Zuschauer angestellt haben. Ihr Ergebnis? Die Deutschen sollen sich weniger bemitleiden. Dafür sollen sie die Ursachen des Elends besser erforschen. Denn das tun sie leider auch noch heute zu wenig. Es war bezeichnend, dass bei zwei Wochenschaufilmen über elternsuchende Kinder jener der DDR den Naziterror beim Namen nannte (wenn auch sicherlich nicht nur in lauterer Absicht), nicht jedoch jener der BRD. Aber – begehen wir bei dieser Kritik nicht ähnliche Fehler, von denen oben gesprochen worden ist? Es wäre ja immerhin möglich...

Berner Zeitung Samstag, 21. Februar 1981 (Kultur am Wochenende 1, rechte Spalte unten)

Der Schriftsteller Walter Schenker über sein vieldiskutiertes Stück
Nachträgliches zur Berner Vietnam-Urlesung
Walter Schenkers Urlesung seines Stückes «Die Schweiz begrüsst Vietnam» am Berner Stadttheater löste heftige Kritik aus: Die Schauspieler verweigerten die Teilnahme an der Darbietung, die Kritiker bezichtigten das Stück der Klischeehaftigkeit. Von dieser Diskussion herausgefordert, schrieb der Schweizer Autor, derzeit als Professor in Trier tätig, der BZ den folgenden Aufsatz:

Das Stück hat mehr bewirkt, als der Verfasser sich je erhofft hätte: Dass die Vietnamflüchtlinge aus dem schleichenden Vergessen herausgerissen wurden, dass mancherlei (und dies hängt damit zusammen), was in der Schweiz ungestraft (im strengen Wortsinn) nicht gesagt werden durfte, nach dem Stück gesagt werden darf ohne gerichtliche Nachspiele. Gesagt werden darf und gesagt wird.

*

Ja. Das Stück ist aus Klischees zusammengesetzt. Und genau diese Klischees standen auf dem Teststand. Zum Beispiel: In der Schweiz hat man noch immer sagen dürfen, was man denkt. Ist das so? Klischees aber können nur zerstört werden, wenn man sie ernst nimmt, und das heisst: auf ihre Wörtlichkeit hin testet. (Dass selbst das Lachen gefriert.) Für diesen Test ist das Theater der denkbar geeignetste Raum – weil er die direkteste Konfrontation von vorgeworfener Welt mit Publikum möglich macht.

*

Und der Verfasser meint im nachhinein zu träumen: Ein Theaterstück über Vietnamesen, und Vietnamesen äussern sich selbst dazu – Oder ist es ein Alptraum? Nämlich wenn die beiden Vietnamesen ▇

und ███████ in der BZ schreiben: »Aber wir glauben, es gibt bessere Lösungen für diese Probleme, als die Flüchtlinge einfach zu vergiften.«

*

Theater, das die Klischees beim Wort nimmt, hat als einzige Gegner diejenigen, die Angst haben, die Zerstörung ihrer Klischees könnte offenbaren, dass nichts steht hinter ihren Klischees. Angsthasen aber zerstören keine Schaufensterscheiben. Angsthasen machen alles mit, und die bleiben im dunklen. (Konkret auf die Berner Lesung übertragen: Die Schauspieler, die sich weigerten, das Stück mitzumachen, wollten nicht alles mitmachen, und der Verfasser kam sich bei dieser Lesung weder mutig noch feige vor, weil Angsthasen nicht fähig gewesen wären, weder zum Schaufenster einschlagen noch zum Visagen einschlagen.)

*

Des Verfassers klammheimliche Hoffnung, geschehene Unruhen liessen Zerstörung von Klischees besser ertragen, und diese überfällige Zerstörung heiler (Schweizer) Welt wirkte befreiend, dass nicht mehr Schaufensterscheiben zerstört werden müssten.

*

Die Schweiz als ein Land, das nicht schlechter ist als andere Länder, nicht schlechter – aber auch nicht besser. Und dass bei dieser – nicht selbstverständlichen – Annahme die Schweiz nicht mehr zwanghaft aus schlechtem Gewissen handeln müsste, und dass das Inselklima, das einengende, wie weggeblasen wäre (die Stacheldrahtverhaue in Zürich und das Vergessen der Vietnamflüchtlinge, nachdem diese als Symbole ausgedient haben – Opium im einen Fall als Vorwand, und im andern Vergessen wie nach Genuss von Heroin –).

*

Das Gespenstische der Schweiz mit den fremdgewordenen Augen eines Schweizers: Nur ein- bis zweimal im Jahr in Zürich seit Jahren, im immer gleichen Hotel, und dann dieser Zeitraffereffekt, der überdeutlich macht, was im allmählichen Verlauf der Zeit vielleicht kaum sichtbar wird. Nicht nur die fröhlich-bunten Malereien an jener Bruchbude, und dann der Stacheldraht und die Ruhe. Auch das: 1975 im ewig gleichen Hotel lauter Italianita und Spanisch etc. bei den Kellnern und bei den Zimmermädchen, dann immer weniger bei den Kellnern, dann auch nicht mehr bei den Zimmermädchen. Lauter Schweizerdeutsch in den Fluren beim Reinemachen, gespenstisches Schweizerdeutsch.

*

Wieso lassen die sogenannt Linken in der Schweiz kaum etwas verlauten über die Vietnamflüchtlinge? Taugen sie als Symbole nichts mehr auch für sie? Und Vietnam war doch früher einmal linkes Zauberwort, auch in der Schweiz. Angst auch da vor der Zerstörung von Klischees? Aber deswegen existieren diese Vietnamflüchtlinge eben doch.

*

In eigener Sache: Ein Stück darf sehr »ruhig« literarisch schlecht sein, wenn das Stück obszöne Welt auf die Bretter stellen will, die die Welt bedeuten, und die Welt ist obszön und ist verrückt. Und Vietnam ist obszön, und danach hat sich die Literatur, auch die schöne, zu richten, und sie muss es sehr perfid und hinterhältig bös anstellen, damit sie durch die Worte hindurch auf das Lebendige trifft.

*

Ärgernis als etwas Lebendiges. Und etwas Lebendiges auch, dass Vietnamesen sich über ein Stück über Vietnamesen äussern (kühnster Traum eines Verfassers, wie gesagt), dass Schweizer in Betroffenheit hinnehmen eine scheinbare Selbstverständlichkeit: die Schweiz ist ein ganz gewöhnliches Land, nichts besonderes.

*

Und in diesem Lebendigen sind sich die Schweiz und Vietnam auf eine genaue Art nähergekommen: als Länder der gleichen kleinen verrückten obszönen Welt.

Berner Zeitung, Freitag, 6. Februar 1981 (Treffpunkte, linke Spalte)

Stadttheater
Bern
Freitag, 6. Februar 23.00 – ca.00.30
Mansarde
Urlesung
»**DIE SCHWEIZ BEGRÜSST VIETNAM**«
Einheitspreis Fr. 5.–
[…]
Samstag, 7. Februar 17.00 – ca. 18.30
Mansarde
Urlesung
»**DIE SCHWEIZ BEGRÜSST VIETNAM**«
Einheitspreis Fr. 5.–
[…]

Stadttheater Bern (Programmheft zur Urlesung, Titelseite)

Urlesung
»Die Schweiz begrüsst Vietnam«
Ein Lehrstück in vier Akten von Walter Schenker

Freitag / Samstag, 6. / 7. und 13. / 14. Februar 1981
in der »Mansarde« des Stadttheaters Bern

(Programmheft zur Urlesung, Seite 2)

Theater der Zeit – Theater in der Zeit?
In einer Ur-Lesung stellt das Stadttheater Bern ein neues, brandaktuelles Stück vor. Unter dem Titel »Die Schweiz begrüsst Vietnam« behandelt Walter Schenker theatralisch mit kritischen Untertönen Geschehnisse um die Schweizer Politik gegenüber den Vietnam-Flüchtlingen im Laufe der jüngsten Zeit; eine mögliche Weiterentwicklung und eine »Lösung« des Problems werden angenommen ...
Schriftstellerische Freiheit oder bewusste Provokation, Menetekel einer möglichen Situation oder bösartige Unkenrufe ohne Motivation? Wir meinen, Theater soll nicht nur Museum sein, sondern auch ein Diskussions-Forum für Zeit-Fragen; soll Anregung zum Gespräch liefern, Anstösse zu Denkprozessen. In diesem Sinne will sich die Präsentation des »Lehrstückes« verstanden wissen.

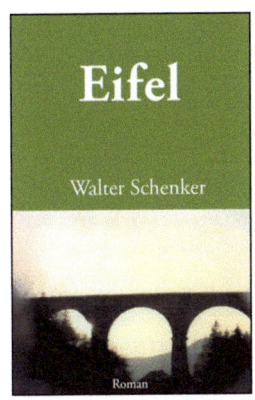

Eifel
Roman (Ammann 1982)
»ein Heimat-Roman in bester zeitkritischer Tradition« *Gunhild Kübler*
Der Roman wurde von Marcel Reich-Ranicki für den Vorabdruck in der FAZ angenommen und vom SWF-Fernsehen verfilmt

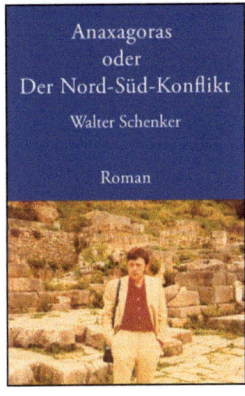

Anaxagoras oder Der Nord-Süd-Konflikt
Roman (Rowohlt 1981)
»das ist brillant« *DIE ZEIT*

Engelsstaub
Roman (Ammann 1986)
»Und ein gut geschriebenes Buch«
NEUE ZÜRCHER ZEITUNG

Zum roten Stiefel
Roman (BoD 2005)
Ein Solothurner Schuhändler erzählt aus seinem Leben

Professor Gifter
Roman *(Rowohlt 1979)*
»eine Satire, der wir Bewunderung nicht versagen dürfen« NEUE ZÜRCHER ZEITUNG
»Walter Schenker ist ein ganz raffinierter Dialektiker, ähnlich seinem Landsmann Robert Walser«
Niels Höpfner

Am andern Ende der Welt
Roman (Ammann 1988)
»die Subtilität eines Fontane« DIE WELT

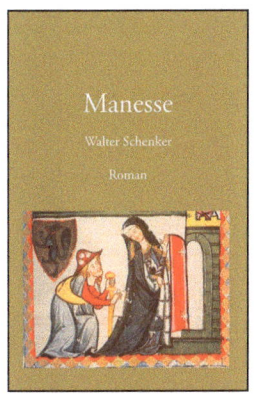

Manesse
Roman (Ammann 1991)
»Minnesang mit Rockbegleitung«
Ludwig Harig, SÜDDEUTSCHE ZEITUNG
»ein sehr reiches Buch« *Hardy Ruoss*

Gudrun
Roman (Ammann 1985)
Gudrun träumt Jahre vorher von der deutschen Einheit
»bis in innerste Überlegungen und Regungen aus der Perspektive einer Frau« *Beatrice von Matt*

Porta Nigra
Roman (BoD 2008)
»Mir ist wirklich kein anderer Roman bekannt, der in dieser persönlichen Art Gott und die Welt verschriftlicht und immer wieder zum Nachdenken zwingt« *Egon Ammann*

leider
Solothurner Geschichten (Kandelaber 1969)
»ein beachtlicher Wurf« *Peter Bichsel*